SCAT
스캣

Copyright ⓒ 2012, 권업
이 책은 한국경제신문 한경BP가 발행한 것으로
본사의 허락없이 이 책의 일부 또는
전체를 복사하거나 전재하는 행위를 금합니다.

빠르게 판단하고 결정하라

스캣

SCAT

| 권업 지음 |

한국경제신문

저 | 자 | 의 | 글

예측할 수 없는 미래를 이기는 힘

　엄동설한이 지나면 따뜻한 봄이 오고, 견딜 수 없을 정도로 힘들 때가 있는가 하면 순풍에 돛단 듯이 잘나갈 때도 있다. 그래서 사람들은 좋은 일과 나쁜 일은 필연적으로 반복되리라는 기대심리를 가지고 있다. 일이 풀리지 않고 답답할 때면 더욱 그 기대가 커지기 마련이다. 그런데 과연 실제로 그렇게 되는가? 한동안 좋지 않은 일로 고생하다 중요한 일을 맞이한 사람은 이번만큼은 반드시 잘되리라 믿는다. 하지만 그것은 희망에 불과할 뿐 현실은 다르다. 삶은 그런 것이다.

　최근 한 온라인 커뮤니티 게시판(blog.naver.com/angelbut/40155952035)에서 '미래를 예측할 수 없는 이유' 라는 제목의 재미있는 글을 발견했다. 이와 비슷한 내용이 인터넷에 떠돌고 책에서도 더러 인용되는 걸 보면 많은 이들이 공감하고 있다는 방증이기도 하다. '미래를 예측할 수 없는 이유' 라기보다는 '미래를 예측할 수 없는 증거'라는 표현이 더 맞을는지 모른다.

1. 개인적으로 집에 컴퓨터를 가지고 있을 이유가 전혀 없다. (케네스 올센, 디지털 이퀴프먼트 회장, 1977년)
2. 비행기는 재미있는 장난감일 뿐 군사적인 가치는 전혀 없다. (페르디낭 포슈, 프랑스 군인, 제1차 세계대전 당시 연합군 사령관)
3. 인간은 달에 발을 들여놓을 수 없다. 미래에 아무리 과학이 발전하더라도. (리 드 포리스트 박사, 미국의 발명가, 1967년)
4. 미래의 컴퓨터는 1.5톤은 나갈 것이다. (〈Popular Mechanics〉지, 1949년)
5. TV는 처음 6개월이 지나면 시장에 남아 있지 않을 것이다. (데릴 자눅, 20세기폭스 회장, 1946년)
6. 전화는 통신 수단으로 생각하기에는 결점이 너무 많다. 이 기계는 탄생 순간부터 전혀 가치가 없는 물건이었다. (웨스턴유니언 내부 문서, 1876년)
7. 640kb면 모든 사람에게 충분한 메모리 용량이다. (빌 게이츠, 1981년)

우리는 모두 미래를 생각해야 한다. 현재의 여건에서 돌파구를 찾지 못하는 사람이라면 당연히 미래로 눈을 돌릴 것이다. 반면 현재 여건이 괜찮은 사람이라 하더라도 당장의 문제에만 몰두하여 적극적으로 미래에 도전하지 못한다면 결국엔 다람쥐 쳇바퀴 도는 신세를 벗어날 수 없다. 그렇지만 미래는 예측이 아니라 창조의 대상이다. 현재 보이는 불확실성의 장막 앞에서 해답을 찾기 위해 괴로워하는 것보다 장막을 뛰어넘어 자신의 미래는 스스로 창조하겠다는 의지가 더 중요하다는 말이다. 미래를 스스로 열겠다는 의지와 신념은 마음속에 팽배한 불안심리를 미래를 향한 공격정신으로 바꿀 수 있다.

이때 필요한 것이 '스캣'이다. 스캣은 알 수 없는 미래를 향한 공격무기다. 예측하지 못한 상황과 맞닥뜨리기가 다반사인 우리 삶에서 밀림을 헤치는 정글용 칼 마세티처럼 낯선 국면에 대한 두려움을 없애고 이리저리 엉킨 넝쿨을 잘라 길을 내듯 우리를 창의적으로 만들어주는 도구다. 예측하지 못한 상황에서는 대개 상황을 이해하고 대응하기까지 시간이 그리 많지 않다. 예컨대 협상 파트너가 갑자기 전혀 예상치 못한 안을 제기할 때와 같이 순간적으로 대응해야 하는 경우도 드물지 않다. 스캣은 예상하지 못했던, 시간적으로 긴박한 상황에서 대응방법의 수립과 실행이 동시적으로 이루어지는 창의적인 행동이다.

그러므로 스캣은 알 수 없는 미래를 적극적으로 부딪혀나가는 힘이다. 가장 먼저, 한 치 앞을 내다볼 수 없는 미래의 문턱에 서서 힘겨워하는 젊은이들에게 반드시 필요한 도구다. 부단히 경험을 쌓고 공부하며 사회진출을 준비하면서도 자신이 제대로 하고 있는지, 선택한 길이 맞는지 알 수 없어 불안했던 이들에게 큰 힘이 되어줄 것이다.

그리고 기업에도 스캣은 유용한 가이드가 되어줄 것이다.

수많은 기업 사례에서 보듯이 요즘처럼 불확실한 경영환경에서는 미래 시장을 선점하는 기업만이 위험을 줄이고 장기적으로 경쟁력을 확보할 수 있다. 특히 외부 여건의 변화에 따라 성과가 심하게 들쭉날쭉했던 기업일수록 스캣 역량을 키워야 한다. 치열한 경쟁에서 살아남으려면 시시각각 들이닥치는 낯선 환경에 창의적으로 대응하면서 자신만의 제품으로 우위를 확보할 수 있는 시장을 창출해야 하기 때문이다.

그 외에도 우리 모두에게 스캣은 계획에는 없었던 낯선 상황에서 허둥대지 않게 해주고 오히려 원래 계획보다 더 좋은 결과를 얻도록 해준다. 스캣은 우리 모두가 알 수 없는 미래에 맞서 용감해지도록 해준다. 스캣의 방법은 매우 간단하지만, 대단히 강력하다. 독자 모두가 이 책을 통해 그 강력한 도구를 손에 쥐길 바란다.

책이 출간되기까지 아낌없는 조언을 해주신 한경BP 관계자께 진심으로 감사드린다. 아울러 헌신의 삶을 살아오신 존경하는 어머니, 사랑하는 아내 그리고 언제나 삶의 기쁨이 되어온 현경과 지윤에게 고마운 마음을 담아 이 책을 바친다.

성서동산에서
권업

차례

저자의 글 | 예측할 수 없는 미래를 이기는 힘

프롤로그 | 패스할 것인가, 골을 넣을 것인가

CHAPTER 1
스캣이란 무엇인가

삶은 곧 즉흥이다	• 026
예상치 못한 상황에서 대응하는 방식	• 030
담대하게 받아들이고 적응하라	• 035
빠르고 과감한 의사결정	• 037
현재 위기를 타개할 단초	• 040

CHAPTER 2
한 순간에 승패를 좌우하는 힘

삼성의 스캣, 예측보다는 대응	• 046
운명을 결정지은 10분	• 050

솔직한 공감과 대화-오프라 윈프리 · 056
상식을 깨는 놀라운 전술-알렉산더 · 061
재치와 용기의 탈출-해리엇 터브먼 · 066
초인적인 열정-칼 로브 · 068
복잡계, 혁명적 발상의 전환 · 071
점점 더 예측할 수 없는 시대 · 074
두려움을 없애고 자신감을 키우는 능력 · 078
일단 시작하고 보라 · 080

CHAPTER 3
어떻게 스캣을 발휘하는가

무엇이 잠재된 창의성을 촉발하는가 · 088
어떻게 창의성을 끌어내는가 · 091
창조와 창의성의 차이 · 095
성공한 세일즈맨의 전략적 스캣 · 098
발상의 전환과 자기 훈련 · 100
분명한 목표는 살아 있는 미끼다 · 104

스캣의 세 가지 방법	• 109
어떤 상황에 더 적합한가	• 113
호기심 많은 조지	• 119
브리꼴라주, 임기응변의 천재 맥가이버처럼	• 124
스캣의 일곱 가지 습관	• 131
기개, 열정, 몰입의 에너지	• 151

CHAPTER 4
스캣의 세 가지 능력

회전축을 유지하라	• 156
시나리오적 사고를 가져라	• 159
상상력과 창의성의 즉흥연기	• 164
조직의 세 가지 스캣 능력	• 167

CHAPTER 5
창의적 혁신의 발견

계획이란 완벽한 쓰레기다	• 186
창의적인 위기 대응 조건	• 191
계획에 집착하는 이유	• 195
최상의 계획이란 없다	• 200
통제 없는 미래 발명적 계획	• 204
스캣을 촉발시키는 계획의 역할	• 210
불확실성의 경영 전략	• 216
창의적 체질을 갖춰라	• 222

에필로그 | 삶은 스캣의 연속이다

프 | 롤 | 로 | 그

패스할 것인가, 골을 넣을 것인가

마운드에 선 메이저리그 투수가 시속 153킬로미터의 속도로 공을 던졌을 때, 이것이 홈베이스의 포수 미트에 꽂히기까지 걸리는 시간은 0.4초에 불과하다. 배트를 휘두르는 것만으로도 모자랄 이 짧은 순간, 타자는 거의 본능적인 판단을 한다. 투구의 방향과 구질, 속도를 순간적으로 측정해 힘차게 스윙할 것인지 살짝 걷어낼 것인지 아니면 그냥 놓아둘 것인지 결정하는 것이다. 고작 0.4초 안에 말이다.

축구의 경우는 더욱 그러하다. 같은 위치의 배터 박스에서 공이 오기를 기다리는 야구와 달리, 키커가 골을 차 넣는 상황은 언제나 다르다. 만약 어떤 공이 오프사이드 라인을 아슬아슬하게 꿰뚫었다면 의도적인 패스일 수도 있고 수비수를 맞고 묘한 위치로 굴러 온 것일 수도 있다. 공격수는 페널티 박스 안에서 공이 흐르는 길목을 재빨리 판단한 뒤

상대방 골키퍼가 가장 막기 어려운 슛 방향을 순식간에 결정하고 공을 차야 한다. 슛 타이밍을 조금만 지체했다간 달려드는 수비수들에게 공을 빼앗기고 만다. 축구 경기에서 똑같은 장면은 두 번 다시 나오지 않는다. 감독이나 코치가 입버릇처럼 생각하는 축구, 창의적인 축구를 강조하는 것도 이같은 '순간 대처 능력'이 경기의 승패를 크게 좌우하기 때문이다.

김연아의 선택

2009년 12월, 일본 도쿄 요요기체육관에서 열린 국제빙상경기연맹ISU 피겨 그랑프리 파이널. 프리스케이팅이 있는 마지막 날이다. 은빛 레이스의 청색 경기복을 입은 김연아 선수가 경기장에 들어섰다. 전날 쇼트 프로그램에서 트리플 플립 점프를 실수하여 일본의 안도 미키에 0.6점가량 뒤진 상황에서, 김연아의 프리스케이팅 연기가 시작되었다. 1위로 올라서려면 결점 없이 완벽한 경기를 해내야 했다.

그런데 시작 점프인 트리플 러츠-트리플 토루프 콤비네이션에서 다시 불안한 모습이 연출되었다. 첫 점프가 비스듬하

2009 ISU 그랑프리 파이널에서 김연아 선수

게 기운 상태로 3회전 되면서 착지가 흔들린 것이다. 김연아를 응원하던 관중석이 일순 조용해졌다. 잠시 후 두 번째 3회전 점프를 앞두고, 김연아 선수는 순간적으로 과감한 결정을 내린다. 전날의 실수에 겹치며 자신감이 크게 떨어진 상황이다. 무리하게 3회전 점프를 시도했다가는 자칫 넘어질 수도 있고 불안정한 착지, 회전 수 부족이라는 실수를 반복할 가능성도 있다. 작은 실수로 말미암은 결과는 치명적일 터였다. 쫓기듯 경기를 마무리 짓는다면 프로그램 전체가 흐트러지고, 적은 감점만으로도 그랑프리 우승의 희망은 멀어질 것이다. 한순간

복잡한 계산과 판단 끝에 김연아는 침착하게 2회전 점프를 선택한다. 그리고 남은 프로그램을 완벽하게, 실수 없이 완벽하게 해낸다.

멋진 프리스케이팅 연기로 김연아 선수는 총점 188.86점을 받았다. 꽤 높은 점수였다. 이날 마지막 연기자는 전날 쇼트에서 1위를 차지한 안도 미키였다. 그러나 심리적인 압박감이 컸던 것일까, 안도 미키는 점프에서 실수를 연발하며 흔들렸다. 결국 그녀는 총점 185.94점을 받았다. 하루 만에 김연아의 역전 우승이 확정된 것이다. 위기의 순간에 김연아 선수는 빠른 판단력과 과감한 결단, 강인한 정신력으로 스스로를 세계 1위의 피겨 여왕 자리로 올려놓았다.

종목을 불문하고 스포츠에서 선수의 '순간 대처 능력'은 성적(결과)과 밀접한 관계가 있다. 각본 없는 드라마로 많은 사람을 열광하게 하고 때로는 진한 감동을 선사하는 스포츠들은, 어쩌면 매 순간 이 같은 순발력과 싸움을 벌여야 하는 전쟁의 연속이기도 하다.

그런데 느닷없는 위기 상황은 스포츠에서만 발생하는 것이 아니다. 이를 넘어서기 위해서는 평소의 실력이 아니라 창의력과 순발력, 판단력을 동원한 임기응변의 기술을 발휘해야 한다. 반짝이는 기지를 발휘해 상황을 극복하고 원하는 결과를 성취해내는 능력, 예측 불가능한 미래에 맞설 수 있는 힘을 스캣Scat이라고 부르자.

정주영 회장의 스캣

1976년 2월, 현대건설은 '20세기 최대의 역사'로 일컫는 사우디아라비아 주베일 산업항 공사를 수주해냈다. 그리고 성공리에 공사를 마치며 전 세계에 시공 능력을 과시했다. 이후 현대는 라스알가르 주택항 공사, 알코바·제다 지역의 대단위 주택 공사, 쿠웨이트 슈아이바항 확장 공사, 두바이 발전소, 바스라 하수처리 공사 등을 연달아 수주하며 폭발적인 성장을 이뤘다. 이러한 현대 신화의 이면에는 최고경영자인 정주영 전 회장의 능력이 뒷받침되어 있었다.

사우디아라비아의 알코바·제다 공공주택 공사를 입찰하던 때다. 정주영 회장은 어렵사리 왕실의 실력자 나와프 왕자와 만날 기회를 잡았다. 공항에 도착한 그는 왕자의 전용차를 타고 귀빈 대접을 받으며 왕궁으로 향했다. 왕궁으로 가는 도중에 오후 3시가 되었는데, 잘 달리던 차가 갑자기 멈춰 섰다. 이윽고 운전기사가 차에서 내리더니 길가에 깔개를 펴고 "알라 아크바르"를 외치며 메카 궁전 쪽을 향해 절을 시작하는 것이었다. 정 회장은 의아하게 생각하며 주변을 둘러보았다. 거리의 모든 차가 멈췄고, 차에서 내린 사람들 모두 일제히 길에 엎드리고 있었다. 살라트, 즉 이슬람교도들이 철저히 지키는 오후 예배 시간이었다. 무슨 생각을 했는지 정주영 회장이 얼른 차에서 내렸다. 그러고는 운전기사 곁으로 가서 그를 따라 넙죽 절을 올렸다. 깔개도 없이 입은 옷 그대로 아스팔트에 무릎을 꿇은 채였다.

얼마 후 예배가 끝나고 사람들이 모두 일어섰지만, 정주영 회장은 멈추지 않고 계속 절을 했다. 기다리다 못한 운전사가 이제 그만 하라고 만류할 정도였다. 한참 만에 몸을 일으킨 그의 이마에 까만 얼룩이 묻어 있었다. 무더위에 녹아내린 아스팔트에서 검은 타르가 묻어난 것이다. 얼굴과 팔에도 땀과 먼지가 뒤엉켜 범벅이었다.

이틀 뒤 정주영 회장이 사우디아라비아의 파이잘 국왕을 만났을 때, 국왕은 환한 미소와 호의로 정 회장을 맞아주었다. 누구보다 열심히 살라트를 했던 그의 이야기가 이미 운전기사로부터 나와프 왕자에게로, 왕자로부터 국왕에게로 전달된 것이다. 이후 공사 수주가 순조롭게 풀려나갔음은 물론이다. 남의 나라 종교를 지극히 존중해준 그의 일화는 사업 결정권을 가진 주택성 장관의 귀에까지 도달했다. 현대건설은 비교적 높은 입찰가를 제시했음에도 어렵지 않게 사업을 따냈다. 더불어 리야드 지역의 공공주택단지 공사까지 수주하는 성과를 올린다. 총 공사금액은 무려 12억 달러. 당시로서는 일개 건설회사는 물론 국가적으로도 상상을 초월하는 액수였다.

여기서 정주영 회장이 선보인 스캣은 '순발력 있는 위기관리'와는 조금 다른 측면을 보여준다. 목표를 앞두고 난관에 가로막혀 있거나 현실이 잘 풀리지 않을 때, 무대 위에 선 배우처럼 효과적인 즉흥연기를 통해 이를 타개하는 전략이라고 할 수 있겠다.

상식을 뛰어넘는 발상은 상식을 뛰어넘는 성과를 만들고, 새로운 관점의 스캣은 새로운 결과를 이끌어낸다. 무대가 바뀌면 그에 따라 즉흥적으로 변신할 줄 아는 배우의 자질이 이에 속한다. 정주영 회장은 스캣의 전략을 적절하게 이용해 성과를 만들어낼 줄 아는 기업인이었다.

▌슐렌버거 기장의 판단

2009년 1월 15일 오후 3시 25분 뉴욕 라가디아 공항. 승객과 승무원 156명을 태운 US 에어웨이 1549기가 노스캐롤라이나를 향해 이륙했다. 조종석 창 밖 하늘에 갈색 기러기 떼가 나타난 것은 이륙 1분 30초 뒤의 일이었다. 갑작스레 비행기에 심상치 않은 충격이 전해졌다.

체슬리 슐렌버거 기장은 비행기의 양쪽 엔진이 모두 꺼졌음을 직감했다. 동체와 충돌한 기러기 몇 마리가 뒤쪽 엔진 속으로 빨려 들어가면서 두 개의 엔진이 고장 나고 만 것이다. 제프 스카일스 부기장으로부터 조종간을 넘겨받은 슐렌버거 기장은 크게 숨을 들이마셨다. 아찔했다. 수많은 인명이 걸린 비상 사태였다.

이 사실을 라가디아 공항 관제탑에 보고하자 즉시 회항하라는 지시가 내려졌다. 그렇지만 여객기는 이미 고도 5천 피트까지 상승한 상황이었다. 슐렌버거는 우선 기체의 수평을 유지하는 데 주력했다. 엔진을 재시동하려고 몇 번 시도했지만 실패했고, 결국 비상착륙을 하기로 마음먹었다. 그때 슐렌버거의 시야에 작은 공항이 들어왔다. 관제탑과 교신한바, 그곳은 뉴저지 주 티터보로 공항이었고 그곳에 비상착륙을 하겠다고 알렸다.

그런데 상황은 그렇게 간단하지 않았다. 티터보로에 비상착륙을 하겠다는 말을 마지막으로 관제탑과의 교신이 두절되었다. 더욱이 비행기의 고도가 급속히 낮아지고 있었고 속도도 느려졌다. 이런 상태로는 티터보로 공항으로도 갈 수 없었다. 공항 주변에 고층건물이 너무 많아 충돌할 위험도 있기 때문이다. (표준 비상착륙 절차는 3만 5천 피트 높이에서 시작되는데, 당시 1549편의 고도는 불과 3천 피트였다.)

이러지도 저러지도 못하는 일촉즉발의 위기 상황이었다. 슐렌버거 기장은 순간적인 판단으로 허드슨 강을 비상착륙 장소로 결정했다. 그리고 머뭇거림 없이 기체를 왼쪽으로 선회했다. 여객기는 조지워싱턴 다리 상공을 위태로이 비행했다. 가장 적합한 장소는 통근용 페리 선착장 근처의 장애물이 없는 물가로 잡았다. 강 표면에 비상착륙했을 때, 비행기가 가라앉기 전에 구조되지 못하면 익사는 물론 동사의 위험도 있기 때문이었다.

적당한 장소를 발견한 슐렌버거 기장은 고도를 조금씩 낮추기 시작했다. 아울러 기내 방송을 통해 승객과 승무원들에게 충격에 대비하라는 경고 방송을 내보냈다. 강이든 바다든 비행기가 수면에 착륙하는 것은 절대적으로 불가피한 경우가 아니면 시도하지 않는 무척 위험한 방법이었다. (1996년 12월 반정부 단체에 납치된 에티오피아 항공기가 기름이 떨어져 마다가스카르 부근 바다에 비상착륙을 시도한 적이 있다. 이때 왼쪽 날개가 먼저 수면에

허드슨 강에 불시착한 US 에어웨이 1549편

닿으면서 그 충격으로 기체가 산산조각이 났다. 이 사고로 탑승객 175명 가운데 125명이 사망했다.)

　죽음처럼 무거운 침묵이 흐르고 잠시 후, 비행기는 엄청난 물보라를 일으키며 미끄러지듯 수면에 정지했다. 비교적 안정적인 착륙이었다. 승무원들의 신속한 안내로 승객들은 재빠르게 구명보트로 대피했다. 슐렌버거 기장은 남은 사람이 있는지 객실을 두 차례 살펴본 뒤 마지막으로 비행기를 빠져나왔다.

　라가디아 공항에서 이륙한 비행기가 허드슨 강에 착륙하기까지 걸린 시간은 불과 5분 남짓밖에 되지 않는다. 그렇지만 수많은 생명이 걸린 급박한 상황이었음에도 크게 다치거나 죽은 사람은 단 한 명도 없었다.

당시 사건 상황을 분석한 미 항로교통통제사협의회 NATCA는 다음과 같이 결론지었다. "티터보로 공항에 착륙하라는 관제탑의 지시를 무시하고 허드슨 강 수면에 착륙을 시도한 슐렌버거 기장의 판단은, 그 상황에서 할 수 있는 가장 현명한 것이었다."

이후 슐렌버거 기장은 언론으로부터 '허드슨 강의 영웅'이란 별칭을 얻었다. 그는 위기 상황에서의 우효적절한 스캣이 수많은 이들의 목숨을 구할 수도 있다는 사실을 여실히 보여주었다.

세계 피겨 여왕 김연아, 현대그룹의 영원한 회장 정주영, 허드슨 강의 영웅이 된 체슬리 슐렌버거. 그들의 이름을 세상에 알린 스캣을 익히기란 그다지 어려운 일이 아니다. 살아가면서 필요한 다른 수많은 기술에 비하면 말이다.

SCAT

CHPATER
1

스캣이란 무엇인가

스캣이란
무엇인가

삶은 곧 즉흥이다

예측 못 할 비일상성에 대해 영국 철학자 길버트 라일Gilbert Ryle은 이런 말을 한 적이 있다.

> "우리 주변에서 일어나는 일들은 대부분 그 전례가 없고, 예측하기 어려우며, 결코 반복되지 않는다. 그러므로 애초에 아무리 계획을 잘 세운다 해도, 우리는 언제나 새로운 상황을 감당해야만 한다. 즉흥은 우리의 일상과 생각, 그리고 의사소통에서 결코 뗄 수 없는 중요한 부분이다."

실제로 우리는 삶에서 장차 일어날 일을 정확하게 예측할 수 없다. 그리고 주도면밀하게 예측하고 계획을 세웠다 한들 예상했던 대로 일이 진행되는 경우 역시 무척 드물다.

그림 1-1 일의 분류

결국 우리는 일상의 예상치 못한 상황에 맞추어 즉흥적으로 대응하는 의사결정에 알게 모르게 매우 익숙해 있다. 매일 우리가 결정하는 일의 대부분은 즉흥에 가깝다. 약간 과장해서 말하자면 삶이 곧 즉흥이다.

그림 1-1은 우리가 하루하루 살아가면서 만나는 일들을 '예측 가능성'과 그 일의 '중요성'에 따라 분류한 것이다.

먼저 '일과 Daily Routines'는 정해진 시간에 밥 먹고 출근하고 업무일지를 쓰듯 매일 하도록 정해진 일들이다. 우리는 일과에 따라 내일 만날 일을 대개는 미리 알 수 있다. 이것들은 개인에게나 직장에 상대적으로 매우 중대한 사건은 아니라고 할 수 있다.

'일상적 문제Daily Problems'는 이보다 좀 더 예외적이다. 예컨대 출근길의 회사 주차장, 차를 대려다 옆 차를 살짝 긁는 일이 생길 수도 있다. 이는 '일상적'으로 발생할 수 있는 '문제'다. 기업 측면에서 보자면, 구매한 제품에 대해 고객이 불만을 제기해온다든지 불량이 발생한 생산라인을 정지시키고 다시 복구하는 문제 등이 해당한다. 예측할 수는 없지만 일상적으로 있을 수 있는 번거롭고 불편한 수준의 일들이다. '일상적 문제'는 이를 해결하기 위해 추가적인 노력과 의사결정이 필요하다. 그렇지만 '일과'와 마찬가지로 개인이나 조직에 크게 영향을 미치는 문제는 아니다.

'계획된 과제Planned Projects'는 수험생의 대입 수학능력시험이나 기업의 생산라인 증설, 조직 개편처럼 개인이나 조직에 무척 중대하고, 신중하게 수립된 계획에 따라 분명한 로드맵을 가지고 추진되는 일들을 말한다. 개인이나 기업에게 무엇과도 바꿀 수 없는 극히 중요한 사안들이다. 이러한 일들은 단계별로 주어진 세부과제에 따라 계획대로 진행되는 특성이 있다.

마지막으로 '비상 상황Emergencies'은 난데없이 발생한 대형 교통사고나 급격한 주가 폭락 같은 일들을 말한다. 지난 1997년 경험했던 IMF 외환위기와 그 뒤 이어진 위기 상황들, 2010

년 도요타가 겪었던 대대적인 리콜 사태와 그 수습활동이 좋은 예가 될 것이다. 1997년에는 연초부터 우리나라 외환 보유고가 급격히 떨어졌다. 환율을 방어하기 위해 외화를 시장에 풀었기 때문이다. 그런데 만약 그해 11월 국가 부도 사태가 날 것을 예측했더라면 그런 실수는 결코 범하지 않았을 것이다. 또한 업계 안팎으로 오랜 신뢰를 쌓아가던 도요타가 리콜 사태로 타격을 받은 이유도 마찬가지다. 당연한 소리 같지만, 그와 같은 문제가 발생하리라는 것을 전혀 예측하지 못했기 때문이다. 이처럼 '비상 상황'은 개인이나 기업, 국가가 예측 못한 매우 심각한 문제들을 의미한다.

'일상적 문제'와 '비상 상황'이 앞의 사례들처럼 부정적이고 골치 아픈 문제나 재난만을 뜻하는 것은 아니다. 로또 당첨, 뜻밖의 주가 상승이나 유가 하락 등 호재도 포함된다. 물론 악재든 호재든, 이를 만난 개인이나 기업으로서는 반드시 신속하면서 효과적으로 대응해야 한다.

'일상적 문제'와 '비상 상황'을 헤쳐나가기 위해 우리에게 필요한 것은 즉흥적이고 순발력 있는 위기 대처 능력이다. 물론 '일과'나 '계획된 과제'의 경우처럼 예측 가능성이 높은 일에서도 '즉흥과 순발'이라는 요소를 통해 더욱 순조롭게 진행되도록 할 수 있을 것이다.

예상치 못한 상황에서 대응하는 창의성

변화에 대한 예측이 거의 불가능한 삶에서 우리는 날마다 즉흥적 의사결정을 한다. 그런데 여기서 한 가지, '즉흥 卽興, Improvisation'이라는 단어가 가진 부정적인 느낌에 대해 지적할 필요가 있다. 즉흥은 예술 분야에서 즉흥연주, 즉흥시, 즉흥연기 등 창조적인 의미로 사용되기도 한다. 그런데 일상에서는 '상황을 모면하기 위한 임기응변', '자기 흥에 겨워 감정적으로 벌이는 행동', '감정적이며 사려 깊지 못한 판단' 등 부정적인 느낌으로 쓰이는 때가 적지 않다.

> (……) 금통위 금리결정이 또다시 '즉흥성' 논란에 휩싸이고 있다. 시장의 금리 예측성을 높이기 위해 중앙은행은 금리결정 한두 달 전부터 시장에 '시그널'을 주는 게 정상. 하지만 13일 금통위의 금리인상은 지난달 금통위에서 아무런 인상신호가 없었다는 점에서 논란을 낳았다. 시장에서는 "작년엔 깜빡이를 켠 채 직진하더니 이번엔 깜빡이도 켜지 않은 채 우회전을 해버렸다."는 평가가 쏟아지고 있고, 금통위의 신뢰성은 또 한 번 금이 가게 됐다.[1]

위 기사만 보면 '즉흥'적인 행동이나 의사결정은 당사자를 위해서나 상대방을 위해서나 절대 해서는 안 되는 것이라는 느낌이 든다. 즉흥의 긍정적인 의미를 잘 나타낼 수 있는 단어가 없을까?

그래서 선택된 용어가 스캣이다.

스캣은 사전적으로 몇 가지 의성어로서의 의미를 갖는다. 그런데 그 외에 재즈 가수들이 (주로 라이브 무대에서) 가사 대신 즉흥적으로 흥얼거리는 창법, 재즈의 한 기법을 가리키기도 한다.

그 시초는 루이 암스트롱으로 알려져 있다. 그가 1926년 〈히비 지비스Heebie Jeebies〉라는 곡을 녹음하던 중 실수로 악보를 떨어뜨렸다고 한다. 그때 가사 대신에 즉흥적으로 '삐바빠 뿌

---

scat₁
① 무의미한 음절을 반복(삽입)하는 노래(창법)
② ~을 부르다.

scat₂
① 빠르게 판단하고 행동하는 능력
② 어떤 상황에서도 발휘되는 즉흥적인 애드리브
③ 절체절명의 위기 순간에 필요한 판단력

루이 암스트롱

부뿌' 트럼펫 부는 흉내를 내어 불렀다. 그런데 이 엉뚱하고도 재미있는 창법이 뜻밖에 대중의 인기를 끌었다. 루이 암스트롱은 이후 빅밴드와의 협연에서도 트럼펫 연주와 스캣을 번갈아 하는 등 코믹하고 신나는 솔로 연주를 선보였다. 그렇게 하여 스캣은 목소리로 악기를 대신하는 재즈의 한 부분으로 자리 잡았다. '즉흥적인 애드리브'와 '순간적인 창의성' 등의 핵심 개념을 가진 스캣은 다음과 같이 정의할 수 있다.

> **예상치 못했던 긴박한 상황에서 대응방법의 판단과 실행이 동시적으로 이루어지는 창의적인 행동**

이번엔 〈맘마미아 Mamma Mia〉 이야기를 해보자. 대중적인 스토리라인과 아바ABBA의 친숙하고 주옥같은 노래로 전 세계에 5천만 명 가까운 관객을 모은 뮤지컬이다. 클라이맥스 부분에서 주인공 도나의 솔로 〈더 위너 테이크 잇 올The Winner Takes It All〉이 등장하는데 사랑을 잃은 여인의 절절함이 우러나는 명장면이다. 그런데 재미있는 것은 같은 곡이지만 캐스팅된 배우에 따라 공연마다 그 길이와 호흡은 물론 연기도 크게 달라진다는 점이다. 이 점은 피날레에서 연주되는 〈댄싱퀸Dancing Queen〉에서 더욱 두드러진다. 배우마다 감정표현의 방법이 다르고 청중의 반응이 다르며 그로 말미암은 공연장의 분위기 자체가 다르기 때문일 것이다.

고전음악이든 대중음악이든 공연장에서 연주되는 모든 음악은 두 가지 형태로 나눌 수 있다. 한 가지는 악보에 쓰인 그대로, 작곡자의 의도 그대로 표현되는 음악이다. 기업의 창의성을 음악에 견주어 연구해온 존 카오John Kao[2]의 말을 빌리면, 악보는 '탈수된 음악dehydrated music'이다. 연주자 나름의 해석과 표현의 자유가 배제된, 말 그대로 건조한 형태라는 얘기다.

또 한 가지는 즉흥연주로, 재즈에서 흔히 '재밍jamming'이라고 표현하는 방식이다. 연주법이 악보에 나타나 있지는 않지만 함께 연주하는 이들의 곡에 대한 공통적인 이해를 바탕으로 한다는 것이 특징이다. 별다른 준비나 연습 없이도 서로의 호흡을 맞추며 연주하는 음악, 다시 말해 악보에 즉흥적인 영감을 보태는 연주 형식인 셈이다.

특히 재즈에서 즉흥적 변주는 재즈가 가진 아름다움 그 자체라고도 할 만하다. 공연 현장에서 연주와 작곡이 동시에 이루어진다. 중심 연주자가 연주하는 주요 선율을 중심으로, 각 연주자들이 곡조를 즉흥적으로 창조하여 '늘 새로운' 하모니를 만들어낸다.

미국 존스홉킨스 대학교 찰스 림 Charles Limb 박사와 연구팀은 음악가의 뇌 활동에 관해 10년 이상 연구해왔다. 이들은 볼티모어 지역에서 활동하는 프리스타일 래퍼 열두 명을 상대로 재미있는 실험을 벌였다. 피실험자들에게 전혀 들어본 적 없는 리듬을 들려주며 즉흥 랩을 하도록 하고, 기능성 자기공명영상 fMRI으로 그들의 뇌 활동을 촬영한 것이다. 대조군으로는 이미 가사를 익힌 래퍼의 두뇌를 설정했다. 두 그룹을 비교한 결과 프리스타일 래퍼의 뇌 활동이 대조군 래퍼의 그것보다 활발한 것으로 나타났다. 즉흥 랩을 하면서 새로운 가사와 운율을 맞추느라 매 순간 집중했기 때문이다. 특히 뇌 앞쪽부터 양옆의 넓은 부분을 차지하는 배외측 전전두엽의 활성화가 눈에 띄었다. 고도의 집중력을 필요로 하는 창의적인 일을 할 때

활성화되는 부위다.

즉흥적으로 창의적인 작업을 하는 이들의 뇌가 놀라운 활동을 보였다는 사실로써 무엇을 유추해볼 수 있을까?

▍담대하게 받아들이고 적응하라

1989년 동유럽 공산주의체제의 붕괴, 1991년 걸프전쟁, 1993년 뉴올리언스 미시시피 강 범람, 2010년 PIIGGS 6개국(포르투갈, 이탈리아, 아일랜드, 영국, 그리스, 스페인)에서 발생한 유럽 국가부채위기, 2010년 튀니지에서 시작하여 이집트와 리비아로 비화된 재스민혁명, 2011년 일본 후쿠시마 쓰나미…….

오늘날 우리 시대를 뒤흔든, 감히 누구도 예측하지 못했던 대사건들이다. 과학기술이 엄청나게 발전했건만, 정치학자며 경제학자, 기상학자 등 무수한 전문가가 막대한 연구비를 타먹고 있건만, 어째서 그 비슷한 예측조차 나오지 않았을까? 미래를 미리 알고자 하는 인간의 뿌리 깊은 욕구는 결국 이루어질 수 없는 꿈에 불과한 걸까?

문제는 '한 번도 가보지 않았던 길을 전에 지나갔던 길처럼 생각하는 인식의 오류'에 있다. 즉, 예전에 지나온 길에서 봤던 것과 같거나 비슷한 풍경이 아직 가지 않은 길에서도 똑같이 펼쳐지리라 믿는 오류다. 이 오류로 인해 우리의 예측은 늘 현실에서 빗나가곤 한다. 시간이라는 넘을 수 없는 벽이 존재하기에 우리는 이러한 오류에서 영원히 벗어나지 못할 수도 있다. 미래를 예측하기보다는 오히려 미래를 창조하는 편이 쉽다고 말할 정도다.

 그렇다면 어떤 식으로 올지 몰라 두려운 미래를 무리하게 예측하는 대신, 차라리 담대하게 받아들이고 상황에 빠르게 적응하는 편이 낫지 않을까? 그것이 도리어 주도적인 삶을 사는 게 아닐까? 이러한 측면에서 우리는 재즈 기법 스캣을 주목해야 한다. 앞서 살펴봤듯이 스캣 연주는 계획된 악보가 따로 없이 상황마다 즉각적이고 창의적인 영감을 연주로 옮기는 것이다. 물론 여기에도 축적해둔 음악적 지식과 기술이 바탕이 되어야 한다. 어쨌든 이 기법을 삶으로 확장한다면 전혀 예측하지 못한 문제적 상황이 발생했을 때 그 위기에 적절히 대처하는 방법을 찾을 수 있을 것이다.

빠르고 과감한 의사결정

2009년 삼성전자는 창립 40주년을 맞았다. 1969년 경기도 수원에서 직원 36명 규모로 출발했을 당시는 그해에 700만 원의 적자를 낸 별 볼 일 없는 업체였다. 그런데 이제 전 세계 180개 사업장을 거느리는 글로벌 네트워크를 구축했다. 반도체·LCD·TV·휴대전화 등 손대는 분야마다 글로벌 톱클래스로 평가되는 명실상부 세계적인 기업으로 성장한 것이다. 창업 첫해 3,700만 원이었던 매출액이 130조 원 규모로 불어났으니 40년 동안 무려 351만 배의 매출 증가세를 기록한 셈이다.

삼성전자가 이처럼 승승장구할 수 있었던 것은 고비 때마다 고공점프를 할 수 있도록 앞장선 '사람의 힘'이었다. 오너들은 과감한 결단을 바탕으로 한 스피드 경영을 이끌었고, 엔지니어 출신 CEO들은 기술과 경영의 노하우를 바탕으로 현장 리더십을 펼쳤다. 예컨대 1983년에는 고 이병철 회장이 본격적인 반도체 산업 진출을 골자로 '도쿄 선언'을 했고, 1993년 이건희 회장은 '프랑크푸르트 선언'으로 집요한 일등주의를 천명하며 사회적인 관심을 불러일으켰다.

아날로그 시대에서 디지털 시대로 넘어가는 1990년대를 거치며 삼성전자는 오랜 역할 모델이었던 소니를 비롯 일본 전자업체를 차례로 제칠 수 있었다. 디지털 시대 새로운 게임의 법칙을 잘 이해한 덕분이다. 당시 삼성전자를 이끌었던 윤종용 전 부회장은 이렇게 말한 바 있다.

"아날로그 시대에는 기술의 축적, 경험의 축적 그리고 근면성이 중요한 경쟁력이었습니다. 일본 기업에게 가장 큰 강점이 있는 요소들이었죠. 이런 부분은 속성상 오랜 시간을 두고 쌓이는 자산이거든요. 그런데 소니가 1946년, 삼성전자가 1969년에 설립되어서 23년의 격차가 나니, 아날로그 시대가 계속된다면 삼성은 소니를 영원히 따라잡을 수 없다는 결론이 나오는 것입니다. 하지만 디지털 시대엔 경쟁력의 요소가 달라집니다. '시스템 온 칩 system-on-chip'이라고 해서 모든 회로가 반도체 칩 안에 들어가는 거죠. 조립 공정이 간단해지고 불량률이 낮아지고. 결국 디지털 시대엔 남들이 생각하지 못했던 신제품을 남보다 빨리 개발하는 것이 가장 중요한 경쟁력 요소입니다. 그래서 저와 삼성전자 경영진은 디지털 시대의 창의력, 즉 두뇌와 스피드를 경쟁력으로 앞세웠습니다."[3]

이에 따라 삼성전자는 이른바 '마누라와 자식만 빼고 다 바꿔라'라는 '신경영'을 도입한다. 아무리 중요한 일이라도 가장 중요한 것은 '빠르고 과감한 의사결정'이라는 말이다. 이를 위해 (경우에 따라서는) 조직운영의 기본 원칙조차 파괴하는 과단성을 발휘하기도 했다.

"전자업계는 시장 변화가 빠르기로 유명합니다. 어떤 방향으로 일을 진행하다가 잘 안 되거나 상황이 변하면, 곧바로 중단하고 다른 방향으로 일을 추진해야 했죠. 쉽지는 않았지만 이게 아니면 죽는다는 생각으로 임했습니다. 반도체 생산라인 하나를 신설하는 데 1년은 걸립니다. 이걸, 계획서 잘 짜놓고 진행하다가 6개월 뒤에 스톱하기도 했어요. 그런 일이 자주 반복되다 보니 부하 직원들도 다들 그에 맞추어 생각하고 행동하는 데 적응해나가더군요. 이 때문에 생산라인 건설을 담당하는 삼성물산 쪽에서 많이 난감했을 겁니다. CEO가 지시를 자주 바꾸니 조령모개朝令暮改 라는 말을 들어도 할 수 없을 밖에요. 하지만 상황이 자꾸 바뀌고 과거에 했던 지시가 옳지 않은 것으로 변해가는데 고집을 부릴 이유가 없지 않나요? 일본 기업경영의 신이라는 마쓰시타 고노스케도 조령모개를 참 잘했다더군요."[4]

6개월이나 추진하여 한창 진행되고 있는 반도체 생산라인을 돌연 중단하고 다른 방향으로 일을 추진하여 조령모개라는 말을 듣기도 했다는 이야기다. 그렇지만 이것이야말로 CEO의 자질이 결정되는 스캣의 하나다. 시장 상황을 오랜 기간 신중히 예측하여 진행한 프로젝트를 돌연 취소하고 새로운 의사결정을 신속하게 내린다는 게 얼마나 어려운 일인지, 큰 조직에 근무한 경험이 있는 사람이라면 충분히 알 것이다.

스캣은 삼성전자의 오늘을 있게 한 힘이었다. 이건희 회장은 '잘 될 때가 가장 위험한 순간'이라고 입버릇처럼 말했다. 앞으로도 어느 때건 스캣을 이끌어낼 수 있는 속도와 조직유연성을 잃는다면 그 위험한 순간이 찾아올지 모른다. 느려 터진 속도와 경직된 관료주의야말로 공룡기업이 갖고 있는 치명적인 결함이기 때문이다.

현재 위기를 타개할 단초

1983년 설립된 미래산업은 총 자본금 8천만 원과 종업원 6명으로 시작한 작은 회사였다. 정문술 사장은 18년 공무원 생활 끝에 받은 퇴직금으로 금형업체 풍전기공을 설립했다. 그렇지만 거래업체의 횡포로 참담하게 무너지고 말았다. 미래산업은 그가 던진 두 번째 도전장이다. 절박한 심정으로 다시 시작한 제품은 리드프레임 매거진이었다. 당시로써는 무척 생소한 반도체 부품으로, 리드프레임이라는 반도체소자에 단자를 부착하기 위해 사용되는 복잡한 모양의 금속상자였다. 고도의 정밀도를 요구하는 만큼 고부가가치 상품이었는데, 당시 우리나라에서는 이를 전량 수입에 의존하고 있었다. 반도체 산업이 급속도로 확대되는 시기였기에 제대로 만들기만 하면 성장 잠재력이 충분할 터였다.

하지만 막상 개발을 시작해보니 수입품의 정밀도와 내구성을 따라가기가 쉽지 않았다. 당시만 해도 국내 업체들은 일본산 금속판을 수입해 손으로 일일이 조립하곤 했다. 여러 개의 금속판을 그렇게 짜 맞추다 보니 속도를 중시하면 오차가 생겼고, 오차를 줄이고자 하면 생산성이 떨어졌다. 속도를 높이되 오차는 줄이는 방법을 찾아내는 것이 급선무였다.

미래산업 전 직원이 이 '두 마리의 토끼'를 잡는 일에 골몰했다. 그러나 뾰족한 방법이 있을 것 같지 않았다. 여러 방법을 써보았지만 조금도 개선되지 않았다. 그러는 동안 납품 거래처도 하나둘 떨어져 나갔다. 얼마 되지 않던 자금도 바닥을 보이기 시작했다. 어떻게든 문제를 해결해줘야 할 엔지니어들마저 지쳐 나자빠졌다. 어쩔 수 없이 제품개발을 포기할 수밖

정문술(전 미래산업 사장)

에 없는 상황이 다가오고 있었다.

그러던 어느 날의 일이다.

"에이, 빌어먹을. 조립하는 대신에 통째로 꽝꽝 찍어버렸으면 딱 좋겠네!"

그날도 어김없이 기계들 속에서 씨름하던 정문술 사장이 한탄조로 그렇게 투덜거렸다. 순간, 옆에서 이 소리를 들은 공고 출신 엔지니어 백정규 씨가 벌떡 일어섰다.

"정말 그러면 되겠는데요? 사장님, 금형으로 찍어버리는 거예요!"[5]

리드프레임 매거진을 금형으로 찍는 건 사실상 당시 미래산업이 가진 기술로도 얼마든지 가능한 일이었다. 하지만 누구도 그때까지 그런 생각을 한 적이 없었다.

기막힌 발상의 전환이었고, 결과는 대성공이었다. 정밀하고 내구성도 높으며 생산 속도 역시 탁월한 금형 리드프레임 매거진이 그렇게 탄생했다. 제품이 본격적으로 생산되고 채 3개월도 지나지 않아 시장을 장악할 수 있었다. 한때 벤처 붐을 주도했던 미래산업의 신화는 그렇게 시작되었다.

풍전기공에 이어 또다시 주저앉을지 모르는 위기를 앞둔 상황에서 극적인 전환이 일어난 것이다. 정문술 사장의 푸념에서 촉발된 백정규 씨의 기가 막힌 스캣, 금형 기술을 활용하겠다는 초유의 발상이 미래산업의 미래를 바꿨다. 백정규 씨는 창업공신이 되어 나중에 부사장까지 올랐고, 이후 정문술 회장이 퇴임할 때 함께 물러났다고 한다. 변화를 이끄는 창의성이란, 이런 식으로 정의해볼 수 있을 것이다.

> 66
> **지금 생각하는 수준을 뛰어넘기 위해,
> 우리가 이미 알고 있는 것을 어떻게 활용하면 좋을지 궁리하는 것**
> 99

무에서 유를 만드는 것만이 창의적인 사고는 아니다. 과거와 현재라는 토대에서 위기를 타개할 단초를 찾아내는 것, 바로 이것이 스캣의 본질이다.

정문술 사장은 당시를 이렇게 회상한다.

"그게 어느 날 갑자기 하늘에서 떨어진 거라고 생각하세요? 아닙니다. 기술적으로, 상식적으로 궁리하고 시도할 수 있는 것은 모두 다 해봤어요. 더 이상 해볼 게 없었지요. 아이디어는 그럴 때 나온 겁니다. 몇 개월간의 시행착오와 좌절, 절망의 끝에서 말이지요."[6]

스캣, 알 수 없는 미래를 이기는 힘이자 기술이다.

CHPATER
2
한 순간에 승패를
좌우하는 힘

한 순간에
승패를
좌우하는 힘

삼성의 스캣, 예측보다는 대응

우리나라에 스마트폰이 출시된 시기는 2009년 11월 28일이다. 그런데 불과 1년 만에 전자·통신 산업뿐 아니라 우리 사회 전반에 걸쳐 '스마트'한 혁명을 일으켰고 그 혁명은 현재도 진행 중이다.

스마트폰 사용자는 2012년 3월 2,500만 명을 넘었으며, 앞으로도 계속 증가할 것으로 예상된다. 그런데 흥미로운 일은 세계 휴대폰 판매 2위 기업인 삼성전자가 스마트폰 출시 초기에는 그 수요를 제대로 예측하지 못했다는 사실이다. 애플의 아이폰이 국내에 처음 들어왔을 때, 오히려 삼성전자는 스마트폰의 시장성에 대해 회의적이었다. 기존의 글로벌 휴대폰 시장에서 쌓아올린 아성을 지키기 위한 업그레이드에만 전력을 다하는 상황이었다. 그러다 애플의 아이폰이 돌풍을 일으키자 쫓기듯 스마트폰 시장에 진출할 수밖에 없었다.

아이폰의 성공에 이어 애플은 아이패드를 잇달아 내놓았고, 삼성전자로서는 스마트폰에 태블릿PC까지 두 마리 토끼를 동시에 잡아야 하는 이중고에 몰리게 되었다. 이쪽 시장에서는 파괴적인 기술혁신이 끊임없이 일어나는 한편으로 그로 말미암아 제품수명 주기가 지극히 짧다. 그런 상황에서 기술력에 우위를 가진 시장 선도 기업을 단기간에 추격한다는 것은 극히 어려운 일이었다. 실제로 스마트폰의 시장성을 초기에 제대로 예측하지 못한 삼성전자가 뒤늦은 추격을 하느라 치른 대가는 엄청난 것이었다.

그리하여 현재의 상황은 어떠한가? 지켜보는 이들의 예상을 뛰어넘는 놀라운 결과가 이즈음 스마트폰 시장에서 벌어지고 있다. 2010년 6월 갤럭시S를 출시한 삼성전자는 약 5개월 만에 170만 대를 판매했고, 하루 평균 1만 대 이상이 개통되고 있다. 애플 아이폰이 출시된 지 1년 동안 가입자 162만 명을 확보하고 하루 평균 1만 대 정도가 개통되는 것과 비교해도 큰 차이가 나지 않는 성과다. 그뿐 아니라 같은 해 11월 애플 아이패드의 대항마로 서둘러 내놓은 갤럭시탭은 연말까지 글로벌 판매량 150만 대를 넘어섰고 이듬해 또다시 170만 대를 돌파했다. 그리하여 갤럭시S와 함께 삼성전자의 새로운 베스트

신종균
(삼성전자 무선사업부 사장)

셀러로 자리 잡았다. 갤럭시S는 출시 이후 세계적으로 1천만 대 이상 판매되며 스마트폰 업체 중 가장 높은 성장세를 기록했다. 이는 지금까지 출시된 안드로이드 탑재 스마트폰 중 최다 판매기록이다.

수요 예측에 실패한 채 뒤늦게 추격에 나선 삼성전자가 부동의 시장 선도 기업인 애플을 단번에 따라잡을 수 있었던 요인은 무엇일까? 무선사업부 신종균 사장의 스캣과 삼성전자의 조직력으로 이를 설명할 수 있을 것이다. 언론사들 앞에서 '그저 운이 좋았다'고 했지만, 그간 휴대폰 사업에서 쌓은 경험을 바탕으로 급변하는 시장에 빠르고 효과적으로 대응한 그의 '스캣의 힘'을 무시할 이는 아무도 없을 것이다.

삼성전자 내부 사업부와 외부 협력업체 간 활발한 상호협력, 위기극복을 위한 자원의 집중을 짧은 시간에 이끌어내고 상당수의 연구개발 인력을 긴급히 투입한 순발력 등 긴박한 상황에서 조직이 가진 저력을 최대로 활용한 그의 역량은 가히 글로벌 수준의 스캣이라 해도 과장이 아닐 것이다. 더구나 스마트폰 성공의 핵심 요인인 킬러 앱 개발에 대한 노하우가 부족하다는 단점까지 단시간에 해결했다는 점에서, 삼성전자의 미래를 한 단계 끌어올린 일로 평가할 만하다.

삼성전자의 사례에서 보듯, 시장 변동성과 불확실성이 높아 정확한 예측이 어려운 사업에서는 '예측의 정확도를 높이려고 노력하기보다 알 수 없는 시장 변화에 효과적으로 대응' 하기 위한 스캣 능력을 갖추는 것이 더 중요하다.

주식 시장의 격언 중에 '예측보다는 대응'이라는 말이 있다. 주식에 투자하기 전, 누구나 특정 주식의 미래 가격을 예측하려고 한다. 그리고 상대적으로 많이 오를 것으로 예측되는 종목에 투자하는 것이 상식이다. 하지만 실제 주가의 움직임은 예상과 다른 경우가 대부분이다. 예측한 대로 오르기는커녕 오히려 떨어진다면, 그때는 어떻게 해야 할까? 이론에 기대어 고집을 부릴 것인가? 아니면 상황의 변화에 맞게 대응을 잘 해야 하는가? 길게 말할 필요도 없다. 역시 대응이 중요하다.

운명을 결정지은 10분

제2차 세계대전이 불을 뿜던 1942년 5월. 일본의 진주만 기습 폭격 이후 5개월여가 지나던 즈음이다. 일본 연합함대 사령장관 야마모토 이소로쿠는 다시 한 번 대규모 결전을 벌여 미 태평양함대를 완전히 격멸할 구상을 하고 있었다. 그 얼마 전인 4월 18일에 두리틀 특공대의 도쿄 공습[1]이 있었고, 5월 들어서는 산호해전에서 미군에 전략적으로 패함으로써 일본 국민이 큰 충격에 빠졌기 때문이다. 일본은 13세기 원·고려 연합군의 '일본정벌' 이후 한 번도 침략을 받은 적이 없었다. 그랬기에 미 태평양함대의 항공모함이 그렇게 가까운 곳까지 접근하여 폭격을 했다는 사실에 크게 당황할 수밖에 없었다.

일본 본토 방어선을 더 넓게 확장하겠다는 의지로 야마모토 사령장관은 미국의 최전방 기지가 있던 미드웨이 섬을 지목한다. 이곳을 점령함과 동시에 일본의 태평양 제해권 장악에 큰 위협을 주는 미 태평양함대의 항공모함 세력을 일격에 소멸시

킬 계획이었다.

　5월 27일 나구모 주이치 제독의 제1기동부대가 히로시마 남쪽 하시라지마를 떠났다. 진주만 공습의 핵심이었던 4척의 최정예 항공모함을 중심으로 26척의 함대를 앞세우고 있었다.

　그런데 이때 미국은 일본 해군의 암호 체계인 JN-25를 해독하여 일본의 의도를 사전에 간파하고 있었다. 체스터 니미츠 제독은 나구모 기동부대가 출발한 이틀 뒤인 5월 29일, 2척의 항공모함이 포함된 제16기동함대를 진주만에서 미드웨이로 출동시켰다. 미 해병대와 해병항공대가 배치된 미드웨이 섬에서는 초계비행정 카탈리나가 적의 습격에 대비하여 망을 보고 있었다. 비행정은 서쪽으로 최대 행동반경인 1,100킬로미터까지 넘나들면서 일본 함대를 먼저 찾아내기 위해 필사의

나구모 주이치 제독

정찰 비행을 하고 있었다.

  6월 1일 일본 잠수함들이 진주만을 정찰했다. 그러나 이때는 미국 기동함대들이 이미 출항한 뒤였다. 이 때문에 일본 해군 지휘부는 미국 기동부대가 미드웨이 북동쪽에서 대기하고 있다는 사실을 전혀 알지 못했다.

  6월 2일 나구모 제독은 진주만 공습을 입안했던 일본 최고 참모들과 전략 회의를 열었다. 그리고 미드웨이 근해에 미국 기동부대는 없다는 전제하에 다음과 같은 작전 계획을 세운다. 첫째, 미드웨이를 선제공격해서 제공권을 확보한 다음 하늘에서 상륙작전을 지원한다. 둘째, 이후 미드웨이 방어를 위해 출동할지 모르는 미국 기동부대를 기다리고 있다가 한 번에 격멸한다.

  이것이 미흡한 상황 판단 아래 내려진 일본 지휘부의 작전 계획이었다. 그리고 바로 이것이 일본이 미드웨이 해전에서 패배한 일차적인 요인이 된다. 하지만 일본 해군은 그때까지 압도적인 전력을 보유하고 있었다. 그러므로 단지 이 결정만으로 패했다고 볼 수는 없을 것이다.

  운명의 6월 4일 새벽 5시 45분. 출격한 일본의 1차 공격대가 미 해병항공대의 치열한 방어막을 뚫고 미드웨이 섬을 폭격한다. 전투기의 성능에서 일단 우세했던 1차 공격대는 큰 피해 없이 폭격을 마쳤다. 이에 사기가 오른 지휘관 도모나가 대위는 나구모 제독에게 2차 공격을 건의한다. 하지만 이때, 미국 정찰기가 미드웨이 서쪽 250킬로미터 해상에서 일본 기동부대를 먼저 발견했으며 항공모함 엔터프라이즈와 호넷은 이미 출격 준비가 시작된 뒤였다.

도모나가 대위의 보고를 받은 나구모 제독은 상황 판단에 고심했다. 그때 마침 미드웨이에서 출격한 미 해병항공대의 공격이 시작되었는데, 일본은 앞선 화력으로 이를 쉽게 격퇴했다. 나구모 제독은 이 상황에 고무되었다. 그래서 미국 함대의 출현에 대비해 어뢰를 장착하고 대기 중이던 2차 공격대에 '어뢰 대신 육상 공격용 폭탄으로 바꿔 장착하라'고 명령한다. 아직 정찰기들로부터 어떠한 보고도 없는 상태였다. 이 무렵 미군 항공모함들은 모든 함재기를 출동시키고 있었다.

8시 30분, 나구모 제독은 정찰기로부터 청천벽력 같은 보고를 받는다. 미군 항공모함을 발견했다는 것이다. 1차 공격대는 미드웨이 폭격을 마치고 함대 상공으로 접근 중이었다. 상황은 복잡해졌고 나구모의 머릿속 또한 복잡해졌다. 지금 즉시 공격할 것인가 아니면 일단 1차 공격대를 착함시킨 다음, 2차 공격대의 무장을 다시 어뢰로 바꿔 공격할 것인가. 급박한 상황에서 아까운 10여 분을 흘려보낸 나구모는 운명의 결정을

미드웨이 해전에서 불타고 있는 일본 항공모함 '히류'

내린다. 사전 결정된 작전의 우선순위에 따라 후자를 택한 것이다.

이때의 결정은 후일 전쟁 사가들로부터 많은 비판의 대상이 된다.[2] 일선 지휘관으로서 '항공 전력을 가진 적국 해군 기동부대의 출현'이라는 상황 변화에 즉각 대응하는 유연성이 부족했다는 점 때문이다. 항공전의 특성상 신속한 의사결정과 선제공격이 중요했음에도 나구모는 이것을 놓치고 만 것이다.

나구모가 결정을 내리던 그 시점에, 항모 '소류'와 '히류'를 지휘하던 야마구치 다몽 제독이 다른 주장을 내놨다. 미국 항공모함을 발견했다는 보고를 듣자마자 '미 함재기들이 이미 출동했을지도 모르니, 비록 엄호전투기가 없고 무장에 문제가 있더라도 즉시 출격하여 미 항모를 공격해야 한다'고 말이다. 그렇지만 나구모는 이와 대비되는 결정을 내리고 말았다.

9시 30분, 급기야 미 함재기들의 공격이 시작됐다. 재급유와 재무장을 위해 대기하고 있던 전투기, 어지럽게 널려 있는 연료와 어뢰, 공격기에서 떼어낸 육상 공격용 폭탄이 즐비한 갑판, 그리고 그곳에서 부산하게 움직이던 정비요원들 머리 위로 공격이 계속됐다. 특히 진주만 공습의 핵심이었던 4척의 항공모함이 집중포화를 받았는데, 한때는 초정예라 일컬어지던 그들조차 미군에게는 손쉬운 먹잇감일 뿐이었다.

항모 '히류'의 침몰을 끝으로 미드웨이 해전은 종료된다. 해군 전력의 핵심인 항공모함 4척이 모두 침몰했고, 332대의 함재기와 함께 진주만 공습에 참가한 최정예 조종사들을 일시에 잃었다. 일본 해군의 운명 또한 여기서 결정났다. 이후 태평양전쟁의 주도권은 미국으로 넘어가게 된다.

미드웨이 해전은 늘 불확실한 경영 환경 아래 전략적 의사결정을 신속하게 내려야 하는 CEO들에게 신속 유연한 대응 역량이 얼마나 중요한지를 보여준다.

유리하든 불리하든 상황이 변화하는 것은 이 세상의 필연이다. CEO들이 상황 변화에 따라 사전에 수립된 전략의 실행방법을 바꾸거나 부분 수정하고, 심지어 전략 자체를 아예 전환하는 사례는 얼마든지 찾아볼 수 있다. 불과 10여 분을 낭비함으로써 패장이 되어 조국의 운명까지 바꾼 나구모 제독. 그는 예상치 못한 상황에서 적의 의표를 찌르는 신속한 의사결정, 곧 스캣을 했어야 했다.

▍솔직한 공감과 대화 – 오프라 윈프리

오프라 윈프리Oprah Winfrey의 토크쇼가 처음으로 전국 방송을 타던 1986년 10월 어느 날. 오프라 윈프리에게 큰 위기가 닥쳤다. 게스트로 출연한 중년 여인이 '근친상간에 의한 성폭행'을 당했다는 사실을 털어놓은 것이다. 스튜디오가 일순 난감한 분위기에 휩싸였다. 게다가 진행자인 오프라가 느닷없이 눈물을 쏟기 시작했다. 방송이 진행되기가 어려운 상황이 됐다. 가까스로 마음을 다잡은 오프라는 연출자에게 토크쇼를 잠시 중단하고 광고를 내보낼 것을 요청했다.

    광고가 나가는 동안 스튜디오에서 그녀는 게스트를 꼭 안아주었다. 같은 아픔을 지닌 여인으로서, 한편으로는 함께 출연한 맏언니와 같은 모습으로. 방송이 다시 시작되자 그녀는 성폭행의 고통이 어떤지 잘 안다면서 자신 역시 성폭행을 당했다는 이야기를 솔직히 털어놓았다. 정말 놀라운 일이었다. 방송인으로서 쉽지 않은 일이었을 텐데, 타인의 고통에 알몸으로 다가선 것이다. 그녀의 진실 어린 고백과 감정이입, 그리고 적절한 타이밍으로 분위기는 극적으로 반전되었다. 전국에서 TV로 이 장면을 지켜보던 사람들의 마음을 울리기에 충분했다. 수백만 명의 시청자가 두 사람의 대화에 몰입했고, 좋지 않은 추억에 대한 고통을 함께했으며, 서로의 슬픔까지를 함께 나누었다. 오프라 윈프리는 게스트와의 대화를 솔직담백하게 이끄는 '공감의 스캣'을 선보인 것이다.

2011년 25번째 시즌을 맞이하며 5월 25일 대단원의 막을 내린 '오프라 윈프리 쇼'는 25년 동안 미국 최고라는 수식어를 놓친 적이 없는 토크쇼였다. 하루 시청자가 700만 명에 이를 정도였다. 진행자 오프라 윈프리는 각종 언론을 통해 세계에서 가장 영향력 있는 인사에 수차례 포함되었으며, 경제전문지 〈포브스〉가 선정한 '미국 흑인 중 최고 갑부'(순자산 27억 달러)에 꼽히기도 했다. 부와 명예와 인기를 모두 움켜쥐었다는 것은 바로 이런 경우를 두고 하는 말일 것이다.

자신의 쇼를 진행 중인 오프라 윈프리

1983년, 20대 후반의 오프라 윈프리가 에이엠 시카고AM Chicago (당시 시카고에서 가장 낮은 시청률을 기록하고 있던 30분짜리 아침 토크쇼)의 진행자가 되었을 때, 그녀가 장차 최고의 TV 토크쇼 진행자가 될 것이라 예상한 사람은 아무도 없었다. 인터뷰를 하는 실력으로만 보더라도, 당시 매끄러운 진행으로 유명했던 필 도나휴와 상대가 되지 않았다.

하지만 그녀는 자기에게 부족한 저널리스트적 기술을 건강한 유머, 상대방에 대한 감정이입으로 채워갔다. 오프라는 슬픈 사연을 갖고 나온 게스트를 상대하며 눈물을 흘렸고 다소 저급하고 우스운 이야기에도 스튜디오가 떠나가도록 큰 소리로 웃었다. 자신의 고통과 아픔을 공감하고 함께 눈물 흘리고 안아주는 오프라를 보며, 게스트들은 마치 이 세상에서 자기를 가장 잘 알아주는 사람이라도 만난 듯한 동질감을 느끼곤 했다. 그리하여 아무에게도 말할 수 없을 것 같던 가슴속 이야기를 방청객과 TV 카메라 앞에서 술술 쏟아놓을 수 있었다. 어느 미디어 전문가가 오프라의 토크쇼를 일컬어 '집단 상담 치료'라고 한 적이 있는데, 아마 이 때문일 것이다.

작가가 써주는 글이 아무리 탄탄하다 하더라도 결국은 사전 원고일 뿐이다. 드라마가 아닌 이상 방송 토크쇼의 성패를 좌우하는 것은 게스트와 호스트 간의 자연스러운 대화다. 난생 처음 스튜디오에 나와 얼어붙은 출연자들의 긴장감을 풀어주고 마음을 열어주고, 자연스레 말문이 트이도록 만드는 것은 결국 진행자의 능력이다. 그런 점에서 오프라는 '나부터 먼저 고백하기'와 '적극적인 감정이입'을 적절하게 시도하여 그 효과를 극대화했다. 바로 그것이 오프라의 스캣이다.

그녀는 아홉 살 때부터 열두 살 때까지 삼촌과 아버지 친구를 비롯해 학교 동급생들로부터 지속적으로 성폭행을 당했고 급기야 미성년이던 십 대 초반에 아이까지 낳았다고 한다. 여자로서 가장 숨기고 싶은 수치스러운 과거사를 그녀는 방송에서 스스럼없이 털어놓았다. 뿐만 아니라 그 최악의 상황을 어떻게 이겨나갔는지 여러 차례에 걸쳐 시청자에게 당당히 소개했다. 또 무려 30킬로그램을 감량하는 고통스러운 다이어트로 날씬한 몸을 선보인 적이 있었다. 그런데 몇 년이 지난 후 다시 살이 찌기 시작하자 '나는 다시 결단력을 잃고 말았다' 라는 절망 어린 심정을 시청자 앞에 솔직하게 고백하기도 했다.

오프라 윈프리 쇼는 불과 10여 년 전만 해도 비평가들로부터 '시시껄렁한 잡담으로 가득한 백해무익한 프로그램' 이라는 욕을 먹었다. 그러나 10년이 지난 2011년, 시사주간지 〈타임〉은 오프라 윈프리를 21세기 가장 영향력 있는 미국인 100인 중 한 명으로 선정했고, 〈뉴스위크〉는 21세기를 '오프라의 시대' 라고 명명했다.

〈LA 타임스〉는 또한 이렇게 말했다.

"그녀는 이 지구상에 말씀을 전하기 위해 보내진 스승일지 모른다. 21세기의 현자는 여성이다. 석가모니도 당시에 텔레비전이 있었다면 방송에 출연했을 것이다. 심오한 도덕적 혜안을 갖추고 자신의 지지자들과 특별한 교감을 나누는 오프라 윈프리는 방송계의 거물에서 비범하고 영적인 존재로 변화했다. 그녀의 성공 비결은 그녀가 현대 사회의 혼돈스러운 관계의 고통을 극복하는 문화적 방법을 잘 이해하고 있다는 데 있다. 심리적 고통이 국민 대다수를 짓누르는 일종의 질환이 되고 행복은 성공적인 자기관리에 있다는 문화가 팽배한 시점에서, 그녀의 쇼는 고통을 이해하는 대중문화의 새로운 시선을 제시하고 있다."

'솔직함'과 '감정이입'을 도구 삼아 게스트와의 대화 속에 끊이지 않는 공감을 유도하고, 이를 수많은 시청자와의 공감으로 이어나가는 스캣. 이로 말미암아 오프라 윈프리는 TV 토크쇼의 진행자에서 이 시대 새로운 영적 치유자로까지 추앙받았다.

상식을 깨는 놀라운 전술 – 알렉산더

기원전 331년 10월 1일, 페르시아 가우가멜라 평원.[3]

이수스 전투에서 승리한 알렉산더 대왕과 군사들의 기세는 하늘을 찌를 듯했다. 이들은 유프라테스 강과 티그리스 강을 건너 거침없이 진격해 들어왔고, 페르시아군은 이들을 상대로 최후의 결전을 준비해야 했다.

5만 명의 마케도니아군을 맞이하게 될 페르시아 병사들은 25만이었다. 다리우스 3세는 자신의 대군이 효과적으로 진을

가우가멜라 전투에서 알렉산더 대왕과 다리우스 3세

펼칠 수 있도록 가우가멜라의 넓고 평탄한 벌판을 전투장소로 정해 적들을 기다렸다. 유리한 전장을 선점하여 병력의 절대 우세를 승리로 연결하려는 전략이었다. 지난번 이수스 전투의 패배를 통해 마케도니아군을 경험했던 페르시아군이었기에 더는 물러설 데가 없는 다리우스 3세의 전의 역시 대단했다.

알렉산더의 가장 친한 친구 헤파이시언은 그러한 페르시아군의 기세를 보고 야습을 강력히 주장했다. 그러자 알렉산더는 그 유명한 말로 거부한다.

"나는 승리를 훔치러 여기에 오지 않았다."

만일 알렉산더가 친구의 조언을 받아들여 야습을 감행했다면 세계사는 어떻게 바뀌었을까? 분명한 사실은, 그날 밤 페르시아군은 마케도니아군의 야습에 대비하여 철저한 경계태세를 갖추고 있었다는 것이다.

결전의 날이 밝았다.

페르시아 진영은 중앙에 보병과 궁수, 좌익과 우익에는 스키타이 부족의 최정예 기병을 배치했다. 더불어 200대의 전차와 15마리의 인도 전투 코끼리를 기병대의 선두로 내세웠다. 다리우스 3세 자신은 최정예 보병대는 물론 좌우 기병의 호위를 받으며 중앙 후위에 포진했다.

반대편의 마케도니아군은 팔랑크스phalanx, 즉 사리사sarissa라 부르는 긴 창을 마치 고슴도치처럼 전진하는 방향으로 세운, 정사각형 대형의 중무장 보병대를 중심에 두었다. 또한 좌·우익에는 기병을 4대 6의 비율로 배치했는데, 오른쪽은 알렉산더 자신이 충성스러운 마케도니아 경기병을 직접 이끌었다. 왼쪽 날개에서는 역전의 용장 파르메니온이 테살리아와 트라키아 기병대를 지휘했다.

당시는 보병은 보병끼리 싸우고, 기병은 기병끼리 맞붙어 겨루는 것이 일반적인 전투형태였다. 그래서 병력이 많고, 훈련이 잘 되어 있는 편이 이기는 게 보통이었다. 그런데 알렉산더는 당시의 이런 상식을 깨버리는 놀라운 전술을 구사했다. 병력에서 절대 열세였던 그가 승리를 쟁취하기 위해서는 독창적이고 강력한 스캣이 필요했을 것이다.

전투가 시작되고 코끼리와 전차를 앞세운 페르시아 기병대가 파죽지세로 달려들었다. 마케도니아의 밀집보병대 팔랑크스는 할 수 있는 데까지 최대한 막아내었다. 전차가 달려오면 제1열이 비스듬히 물러나 틈을 열었고, 이어 제2열이 전차를 에워싸 기수를 찔러 죽이는 전술을 썼다. 마케도니아 밀집보병의 긴 창 사리사는 전차는 물론 코끼리와 기병에게도 매우 효과적인 무기였다.

끝없이 밀려오는 페르시아 대군을 팔랑크스가 최선을 다해 막는 동안, 알렉산더가 지휘하는 경기병들은 페르시아 진영 후방으로 재빠르게 돌아들어 갔다. 목표는 페르시아군의 총지휘관 다리우스 3세였다. 신처럼 추앙받는 페르시아왕은 페르시아군대의 강점임과 동시에 약점이기도 했다. 페르시아군은 왕이 건재할 때는 완벽한 리더십을 보이지만 흔들리면 자칫 전체가 와해될 가능성이 높은 단극형 집단이었다. 알렉산더가 내세운 전술의 핵심 중 하나는 팔랑크스의 힘이 떨어지는 시점과 경기병이 적 후방을 공격하는 시점 간 차이였다. 그래서 알렉산더 자신이 직접 기병대를 지휘하면서 전투를 벌였다고 한다.

별안간 후방을 돌파당한 페르시아군이 혼비백산하는 사이, 알렉산더는 다리우스 3세를 쫓아 비수처럼 날카롭게 적진으로 돌입했다. 놀란 다리우스 3세는 말머리를 돌려 도망치기 시작했다. 알렉산더는 패주하는 다리우스 3세를 일단 놓아둔 다음, 적은 수의 병력으로 페르시아 대군을 막느라 괴멸 직전에 있던 파르메니온의 좌익을 도우러 달려갔다.

지휘관이 도주한 데다 주력군의 후미를 공격당한 페르시아군은 그야말로 공황상태에 빠졌다. 그러고는 얼마 지나지 않아 그대로 와해되고 말았다. 세계 역사가 바뀌는 순간이었다. 애초에 병력과 무기에서 비교가 안 되는 불리한 상황에서, 알렉산더의 뛰어난 군사적 재능이 유감없이 발휘된 결과였다.

알렉산더는 동방 원정에 나선 이래로 12년간 페르시아와 인도를 비롯한 여러 민족과 수없는 전투를 치렀다. 그렇지만 그가 병력이 우세하여 승리를 거둔 적은 거의 없었다. 마케도니아군은 잘 훈련되어 있었지만 전투를 거듭할수록 그 숫자가 점점 줄어만 갔다. 낯선 지역 낯선 지형의 전쟁터, 도저히 예측할 수 없는 낯선 전술과 온갖 다양한 무기를 가지고 있는, 게다가 홈그라운드의 이점을 안고 있는 적들. 알렉산더가 이를 물리칠 수 있었던 힘은 창의적인 상황 대처 능력이었다. 매

순간 급변하는 상황을 냉정히 분석하여 적의 약점을 파악하고, 자신의 군대가 가진 역량을 최대한 발휘하게 하는 기민하고 창의적인 스캣 기술 말이다. 계획은커녕 한 치 앞을 내다볼 수 없는 진흙탕 싸움터에서 신속하고 창의적인 대응력을 발휘할 수 있었던 능력. 세계 역사상 최고의 군사적 두뇌를 가졌다는 알렉산더 대왕의 비밀이 바로 여기에 있었다. 그는 스캣의 명수였던 것이다.

재치와 용기의 탈출 – 해리엇 터브먼

해리엇 터브먼 Harriet Tubman(1820~1913)은 링컨 대통령과 함께 미국 노예해방의 투사로 추앙받는 여성이다. 노예였던 그녀는 스물아홉 살 때 메릴랜드의 농장에서 펜실베이니아로 탈출했다.

19세기 전반 미국 남부의 수많은 노예가 북부의 자유주 혹은 캐나다로 도주했는데, 이들의 탈출을 가능하게 했던 것은 지하철도 underground railroad라는 조직이었다. 지하철도는 퀘이커교도 등 노예제 폐지를 주장하던 일부 북부 백인들, 자유를 얻은 흑인들이 도주 노예들을 추격자로부터 따돌리고 안전한 지역으로 탈출할 수 있도록 도와주던 비밀 네트워크였다.

해리엇 터브먼

혼자만의 자유에 만족할 수 없었던 터브먼은 자신의 탈출을 도와준 지하철도의 '차장'이 되어 수많은 신화를 만들어낸다. 그녀는 노예들을 탈출시키기 위해 여러 차례 목숨을 건 여행을 감행했고, 그 결과 가족과 친지를 포함한 300여 명의 노예들을 '단 한 명도 잃지 않고' 무사히 탈출시키는 데 성공했다. 절체절명의 순간에 봉착할 때마다 발휘되었던 그녀의 대담하고 창의적인 대응력 덕분이었다.

기차역에서 추격자가 따라붙자, 북쪽이 아니라 오히려 남쪽으로 가는 열차에 탑승하여 위기를 모면한 사건은 너무나 유명하다. 한 번은 도망치는 노예와 함께 북행길을 재촉하고 있는데 저편에서 그녀를 잘 아는 백인이 마주 걸어오는 위기가 발생했다. 터브먼은 마침 앞에 있던 닭을 쫓았고, 날개를 퍼덕이며 울부짖는 부산스러운 분위기에 시선을 빼앗긴 그 백인을 가까스로 따돌리기도 했다.

그 외에도 무수히 많은 위기를 재치와 용기로 탈출한 그녀는, 덕분에 '노예들의 모세'라는 별명을 얻게 되었다. 옛날 이집트의 유대민족에게 모세가 했던 것처럼 그녀의 스캣은 많은 흑인의 목숨을 구했고 그들에게 자유를 찾아주었다.

초인적인 열정 – 칼 로브

후쿠야마는 그의 저서 《역사의 종말 The End of History》에서 다음과 같이 말했다.

> "자신의 권위를 인정받고자 인접 국가에 침략하여 인민을 예속시키는 폭군에게도, 당대 최고의 베토벤 해석가를 꿈꾸는 콘서트 피아니스트에게도, 공통적인 '우월욕구'가 엿보인다."

'스캣'을 잘하는 사람들을 살펴보면, 그들의 삶에서 세 가지의 공통된 일상적 태도를 엿볼 수 있다. 그것은 기와 호기심과 노력이다.

알렉산더 대왕, 김연아 선수, 정주영 회장, 오프라 윈프리 등은 이 책을 통해 성공적인 스캣 전문가들로 인정받은 이들이다. 그들의 남과 다른 특징 중 하나는 두말할 것도 없이 '열정의 인간형'이라는 점이다. 열정이란 무엇인가. '자신이 하고자 하는 일에서 남다른 결실을 얻고자 집념과 인내를 가지고 두려움 없이 헌신하는 모습'이다. 열정적인 사람은 언제건 자신의 일에 혼신의 힘을 다해, 그러나 마치 재미있는 놀이를 하듯이 신바람 나게 몰입할 줄 아는 사람이다. 사실 따지고 보면 사람들이 다 그렇다. 취향에 맞고 좋아하는 일을 하고 있다면, 누구나 시간 가는 줄 모르고 열정을 발휘하기 마련이다. 반면에 싫어하는 일을 억지로 할 때는 열정이란 에너지를 발휘하기 어려워진다. 정말로 열정적인 사람은 '직업과 취미와 생활이 별개가 아니라 하나'로 합일된 생활을 살아가는 이들이다. 대표적인 사례로 이창호 9단을 들 수 있다. 그는 2005년 농심배 세계 바둑최강전에서 기적 같은 5연승으로 한국의 극적 우승을 일궈냈다. 대회 직후 가진 인터뷰에서 이런 질문을 받았다.

"바둑을 두지 않았다면 어떤 사람으로 살았을까요?"

그의 대답은 짧지만 강렬했다.

"글쎄요, 잘 모르겠지만 사는 게 재미없었을 것 같네요."

이창호 9단에게 바둑은 직업이었지만 취미였고, 또 그의 생활 자체였으며, 열정이었다.

2004년 11월 3일, 워싱턴DC의 로널드 레이건 빌딩에서 조지 W. 부시 대통령의 재선을 자축하는 행사가 열렸다. 선거 기간 내내 발로 뛰었던 이들의 직책과 이름을 부르며 주요 인물들을 치하하던 부시 대통령은, 유독 한 사람에게만은 직책 대신 '선거 운동의 설계자'라는 호칭과 함께 최고의 찬사를 보냈다. 바로 칼 로브 Karl Rove 다. 선거 팀의 내로라하는 똑똑한 사람들 틈에서 그는 대학 졸업장이 없는 유일한 인물이었다.

부시와 로브와의 인연은 지난 2000년으로 거슬러 올라간다. 그해 미국에서 치러진 대통령 선거에서 로브는 아버지 부시조차 정치적 잠재력을 그다지 높이 사지 않았던 아들 부시를 미국 대통령으로 만드는 데 성공했다. 여기에 2004년 대선에서는 아버지 부시도 이루지 못했던 재선을 성공시켰다. 이는 부시가 '신동 boy genius'이라 부르는 로브의 승리였다.

로브는 놀라운 직관력을 가진 선거 천재라기보다는 정치가 직업이자 취미이고 생활 자체인 노력가다. 2000년 대선 이후, 일반적인 선거 참모들과 달리 그는 백악관에 상주하면서 부시 대통령의 승리만을 위한 삶을 살았다. '블랙베리'(스마트폰이

부시의 책사, 칼 로브

아닌, 휴대용 이메일 송수신기)를 들고 다니며 전국 각지에서 활동하는 수백 개의 조직을 직접 지휘하는, 정치가 취미이자 생활이 아니라면 도저히 상상하기 힘든 초인적인 열정을 보여주었다. 바로 이 열정이 전직 부통령이자 민주당 후보였던 앨 고어에 비해 재능이 모자라고 부모조차 반신반의했던 부시를 두 번이나 대통령으로 만들었다.

복잡계, 혁명적 발상의 전환

필립 코틀러Philip Kotler 교수는 '마케팅계의 석학'으로 불리고 있다. 세계 금융위기가 한창이던 2009년 6월, 그는 〈위클리 비즈〉를 통해 이렇게 말했다.

"(이번 세계적인 금융위기의) 진짜 문제는 단순한 경기 사이클이 아니라 전혀 예상하지 못한 위협이 끊임없이 노출된다는 것, 바로 격동의 시대를 맞이하고 있다는 점이다. 격동이란 마치 비행기가 난기류에 휩싸이는 것처럼 순간적으로 발생하는 돌발사태다. 그런데 이런 쇼크는 앞으로 더 자주, 더 예리하게 발생할 것이다. 세계화와 기술의 발전이 이를 재촉하고 있다. 따라서 불황이 끝난다고 문제가 해결되는 것이 아니다. (……)"

지금은 영원한 격동의 시대다. 위기 시대를 살아가기 위해, 우리는 스캣을 해야 한다.

'역사의 흐름을 잘 살펴보면 일정한 패턴이 있다. 미래에 벌어질 사건 역시 그 패턴을 따르므로, 이를 충분히 이해하면 미래를 예측할 수 있다.'

이 같은 소위 자연과학적, 결정론적 사고방식은 지난 시절 학문뿐 아니라 우리의 일상까지 지배해왔다. 예컨대 뉴턴이 발견한 중력의 법칙이 케플러의 법칙으로 이어져 행성운동의

필립 코틀러 교수

궤도와 주기를 예측하도록 이끌었고, 자동차를 비롯한 일상생활 속 무수한 발명품의 내부 운동을 예측할 수 있게 했다. 이러한 자연과학에서의 성과를 바탕으로 사람들은 세상을 '법칙이라는 질서'에 의해 운행되는 조화로운 세계로 바라보았다. 이것이 인류 지성사를 관통하는 주된 흐름이었다.

하지만 현대 과학은 이 질서정연한 세계관이 순진한 것임을 밝혀냈다. 21세기의 과학이 접근한 이 세상은 질서의 세계가 아니라 복잡성에 지배되는 혼돈의 세계, 즉 카오스다. 복잡성의 세계에서 역사는 결코 반복되지 않는다. 사회가 변화하는 과정에는 패턴과 무관한, 전에 경험해보지 않았고 반복되지도 않는 새로운 것들이 끊임없이 나타난다.

복잡성의 세계에서는 두 가지 이유로 미래를 예측하는 것이 불가능하다. 첫째, 복잡계에서는 초기 조건의 아주 작은 차이가 엄청나게 다른 결과를 초래하는 비선형성을 전제로 한다. '말편자의 못 하나가 빠지는 사건이 나라를 망하게 할 수 있다.' 이것이 나비효과다. 둘째, 미래를 예측하기 위해서는 현재의 사회 현상을 포괄적으로 설명하는 기본적인 모형이 전제되어야 한다. 그런데 문제는 예측 과정에서 그 모형 자체가 크게 변화해버린다는 점이다. 그러므로 예측은 애초에 불가능할 수밖에 없는 것이다.

복잡계를 전제로 하는 세계관은 이미 우리 사회에 엄청난 변화를 가져오고 있다. 또한 우리 모두에게 일대 혁명과 같은 발상의 전환을 요구하고 있다. 이제는 경제위기, 환율 변화, 주가 폭락, 심지어 날씨의 변화까지 복잡계적 사고방식이 아니고서는 설명할 수 없는 세상이다.

점점 더 예측할 수 없는 시대

2008년 9월 15일, 세계 4대 투자은행 중 두 곳인 리먼 브라더스와 메릴 린치가 침몰하며 전 세계를 공포로 몰아넣었다. 글로벌 금융위기가 시작된 것이다. 금융위기는 GM을 몰락시키는 실물위기로 이어지며 세상 사람들을 재차 놀라게 했는데, 문제는 이 상황이 도대체 이해가 되지 않는다는 점이다. 미국의 주택가격 하락이 어떻게 대서양 건너 한참 잘나가기로 소문난 아이슬란드를 단숨에 국가부도 사태로 빠뜨렸는가? 도대체 어떻게 태평양 너머 우리에게까지 도달하여 애지중지하던 펀드까지 반 토막 낼 수 있는가? 뿐만 아니라 그 많은 경제전문가는 도대체 무엇을 했기에 경고음조차 울리지 못했단 말인가?

세계화, 정보화의 물결에 대응하여 변화와 혁신을 추구해야 한다는 말은 수도 없이 반복되었다. 그러나 어떻게 해야 할지, 당장 어디부터 손을 대야 할지 그저 막막하기만 하다.

《국부론》의 애덤 스미스는 개인이나 기업의 경제행위가 비록 이기심에 근거하고 있지만 시장이란 틀 안에서 '보이지 않는 손'에 의해 통제되어 공공의 이익에 기여하게 된다는, 소위 시장의 원리를 강조했다. 이것은 나중에 거의 모든 국가의 경제운용 원리가 된 시장경제체제의 교조가 된다. 이에 따라 기업의 이윤추구 행위는 경쟁적인 시장을 통해 모두를 위한 '보편적 풍요universal opulence'를 효율적으로 보장하는, 근대 사회로의 발전 과정에 빼놓을 수 없는 성장엔진으로 정당화되었다.

그로부터 두 세기가 지난 현재, 기업은 이기심 간 충돌의 필연적 결과인 경쟁에서 살아남기 위해 우선 덩치를 키웠다. 그리고 그 큰 덩치로 보편적 풍요를 위한 대규모의 재화공급 역할을 자임하여 이제는 정부를 대신할 정도가 되었다. 규모가 가져다주는 비용절감과 생산력 확대는 오랜 세월 기업이란 조직의 생존방식이었으며 그 효과는 현실에서 증명되었다. 듀폰, 미쓰비시, GM, 다임러-크라이슬러 등 우리가 익히 알고 있는 거대기업들은 그 규모 자체가 시대의 이데올로기였으며, 성장을 꿈꾸는 신생기업들에게 가야 할 길을 제시하는 이정표였다. 그래서 버클리의 경제학자 브래드포드 들롱 Bradford Delong 은 지나온 20세기 역사의 핵심은 '인류사에서 물질적 부의 최대 증가'였다고 한마디로 요약했다.[4]

하지만 수세기 동안 저비용 고효율의 재화생산을 위해 규모 확대라는 외길로 치열하게 달려온 기업들은 21세기 초입에 들어선 현재, 전에 경험하지 못했던 새로운 환경에 직면하고 있다. 그 양을 측정하기 어렵고 형태도 없는 지식의 비중이 폭발적으로 증가하여, 정량화가 가능한 자본과 노동 중심의 과거 기업성장 모델로는 현실을 설명하기 어려워진 것이다. 자본과 노동이 필요 없어졌다는 뜻이 아니다. 기업의 경쟁우위 확보에 지식과 창의성의 비중이 더 커졌다는 의미다. 거기에 정보

기술 혁명이 가세하며 세계화가 급진전했다. 과거와 비교조차 할 수 없는 거래의 복잡성과 시장의 빠른 변화는 기업들이 가장 두려워하는 위험을 증폭시켰고, 이를 관리하려는 이들을 한꺼번에 무장해제 시켜버렸다.

정보기술의 혁명과 세계화는 기업뿐 아니라 사회 전체에 일대 변혁을 가져왔다. 하나는 사람들 간 직접적 상호작용이고, 또 하나는 실시간 지식·정보 공유의 빅뱅(대폭발)이다. 100억 년 전 빅뱅이 우주를 복잡성과 카오스의 세계로 만들었듯, 지금의 빅뱅도 인간 세상을 복잡성과 카오스의 세계로 바꾸어놓았다. 하나의 지식을 웹상에 띄워놓으면 그 지식이 어떻게 얼마나 가지를 칠지 아무도 짐작할 수 없다. 소셜네트워크에 하나의 정보를 올리면 이 정보가 어떤 모습으로 어디로 갈지, 그리하여 어떤 결과를 가져올지 누구도 알 수 없다. 웹상의 정보나 지식은 성냥불의 연기나 까페라떼에 떠 있는 크림 무늬처럼 그 움직임이 무질서하여 예측하기 어렵다.

현존하는 어떤 투자 전문가보다 풍부한 경험과 통찰력을 갖춰 '월가의 요다[5]'라 불리는 피터 번스타인Peter Bernstein은 말했다.

"우리는 결코 미래를 알지 못한다. 그러니 그에 맞게 행동해야만

한다. 리스크관리는 수학이 아니다. 우리가 알지 못하거나 예상하지 못한 일이 닥쳤을 때 생존하기 위한 시스템, 그게 바로 리스크관리다. 미래를 알고 있다고 생각하는 사람들이야말로 가장 위험한 인물들이다. 또한 당신의 판단이 옳았을 때야말로 당신에게 가장 위험한 순간이다. 과신하게 될지도 모르니까."

우리 생활을 한 단계 업그레이드시켰던 정보기술과 세계화라는 흐름이 불가예측성이란 위험을 초래하면서 생존을 위한 다원적 투쟁 Darwinian struggle 을 요구하고 있다. 이제 대변혁을 이뤄야 하는 시점에 이르렀다. '기회를 창출하려는 사람에게는 기회가 되겠지만 기득권을 지키려 하는 사람에게는 혼돈일 뿐'인 역사적 변화의 시대가 찾아온 것이다.

▌두려움을 없애고 자신감을 키우는 능력

개인의 발전과 조직의 성공을 위해 스캣 능력을 길러야 함은, 이제 더는 재론이 필요 없는 결론이 되었다. 하다못해 오늘 하루의 삶을 좀 편하게 지내기 위해서라도, 불확실성으로 가득 찬 삶의 현장에서 미래에의 두려움을 덜고 자신감을 더하기 위해서라도, 자신의 스캣 능력을 키우고자 노력해야 할 것이다.

늘 위험 속에서 조직의 사활을 책임져야 하는 최고경영자라면 더욱 그러하다. 학자들은 위험감수risk taking가 기업가 정신entrepreneurship의 핵심이고 훌륭한 경영자의 덕목이라고 주장한다. 그러나 두려움 없이 위험을 감수할 방법은 제시해주지 않는다.

그렇기에 최고경영자들은 강연장 뒷자리에서 이런 넋두리로 학자들의 공허한 주장을 비웃곤 하는 것이다. "누가 그걸 모르나……. 하고 싶어도 못 하니까 그러는 거지."

여기서 한 가지 재미있는 연구 결과를 소개할까 한다.[6]

어느 제조업체에 근무하는 79명의 관리자를 대상으로 '의사결정 상황에서 위험감수를 하는 성향'을 분석한 내용이다. 연구 결과, 위험감수 성향이 높은 관리자들은 그렇지 못한 사람들보다 의사결정은 빠른 반면 더 적은 양의 정보를 사용하는 것으로 나타났다. 하지만 그들은 적은 양의 정보를 더욱 철저하게 분석하는 경향을 보였고, 이에 따른 의사결정의 정확성은 더 많은 정보를 가지고 더 오랜 시간 고민하는 '낮은 위험감수 성향'의 관리자들과 거의 차이가 없었다. 다시 말해 같은 수준의 정확성을 가진 의사결정을 더 빠르게 하고 있다는 말이다.

적은 정보들로 신속한 결정을 내린 이들은, 과업 수행 중 일어날 상황 변화나 과업 수행 후 발생할 결과를 스스로 감당할 수 있는지 여부를 결정의 기준으로 삼고 있었다. 이들이 비교적 적은 양의 정보를 가지고 의사를 결정한다는 것은, 과업 수행 중 예상치 못한 상황 변화가 필연적이라는 것을 잘 알고 있다는 의미다. 또한 신속하고 적절한 상황 대응 가능성에 대한 자기 믿음이 상대적으로 높다고도 해석할 수 있다.

이상의 결과를 이렇게 해석해보면 어떨까?

과감한 사람은 주의력이나 판단력이 모자라는 막무가내가 아니다.
어떠한 상황에서도 신속하고 적절하게 대응-스캣을 할 수 있는
자신감이 상대적으로 높은 사람들이다.

일단 시작하고 보라

한 과학기자재 제조업체 설계팀에 고객이 찾아와서 불만을 늘어놓았다. 시장에서 구할 수 있는 액체성분 분석기는 모두 투

명한 액체용뿐, 불투명한 액체를 분석할 수 있는 기구는 도무지 찾을 수 없다는 말이었다. 사실 당시는 불투명 액체성분 분석기가 아직 개발되지 않은 때라 시장에서 구할 수 없는 것이 당연했다. 이후 설계팀원들은 한데 모여서 토론을 시작했다. 먼저 불투명 액체성분 분석기를 만드는 데 필요한 가장 최근의 기술정보와 자재에 관한 정보를 나눈 뒤, 주어진 회사 업무 사이에 짬짬이 개발을 진행했다. 그런데 이 일은 공식적인 개발과제가 아니었고, 따라서 팀장은 특정 팀원에게 따로 업무를 배당하지도 않았다. 관심 있는 사람이 알아서 하라는 식이었다. 두 명의 팀원이 이 일에 열성을 보였다. 기존 제품의 부품과 새로 주문한 부품을 마치 퍼즐을 맞추듯 만지작거렸고, 작동이 안 될 때마다 머리를 맞대고 궁리했다. 마침내 석 달 뒤 완성하여 그 고객에게 판매했다.

　예의 신제품을 개발하기까지 사전에 생산 계획 같은 것도 수립하지 않았다. 성능 기준, 부품 명세서, 크기, 형태, 가격 등 일반적인 신제품 개발 계획에 반드시 명시되는 어떤 내용도 없었다. 그저 개발이 진행되는 과정에서 모든 것이 임의로 결정되었다. 개발 과정이 곧 설계고 개발의 완료가 곧 생산이며 완성된 제품 자체가 제품의 최종 명세가 되는, 마치 즉흥연주와 같은 형태였다.[7]

기업들의 일반적인 신제품 개발 과정은 어떠한가. 먼저 마케팅 부서에서 신제품에 대한 판매 잠재력과 고객 요구사항을 분석하고 가격목표를 정한다. 그러고 나면 엔지니어링 부서에서 해결해야 할 기술적 문제와 목표가격 수준에서의 요구품질 만족 가능성, 특정 가격에서의 핵심부품 구매 타당성, 개발완료 시한 등을 분석해 보고서를 제출한다. 이 보고서를 바탕으로 최고경영자가 신제품 개발 계획을 승인하고 신제품개발팀을 지정하여 작업을 시작하게 한다. 개발이 완료되고 상세한 제품설계도와 시제품이 나오면 최종 제품 명세와 생산 공정을 확정, 마케팅 계획 수립과 함께 생산에 들어가는 것이다.

하지만 실제 기업 현장에서 이루어지는 신제품 개발은 (기존 제품을 점진적으로 업그레이드하는 경우를 제외하고는) 조금의 시행착오도 없이 계획대로 진행되는 경우가 거의 없다. 혁신적인 신제품을 개발하는 기업에서는 이러한 현상이 더욱 두드러진다. 특히 시장 변화 속도가 빠르고 개발 시한이 짧거나 경쟁업체가 깜짝쇼 하듯 벼락같이 신제품을 출시하는 경우에는 더욱 그러하다. 한가하게 계획이나 수립하고 있을 시간이 없다. 일단 개발을 시작해놓은 다음, 시장에서 새로운 정보가 들어오고 개발 과정에서 새로운 아이디어가 떠오를 때마다 추가하는 방식, 즉 스캣이 훨씬 더 효과적인 방법으로 쓰이고 있다.[8]

요즘엔 첨단기술 분야만이 아니라 대부분 산업에서 나타나는 현상이다. 요즘의 현장을 자세하게 관찰한 어느 전문가는 이렇게 말한다.

> "성공적인 개발자들은 동료들과의 협력을 최대한 끌어내기 위해 위계질서나 나이 같은 보편적인 규범을 무시하고 새로운 질서를 만드는 경향이 있습니다. 개발이 진행되면서 신제품에 관련된 새로운 아이디어를 창출할 목적으로, 개발 과정에서 동료들 간에 원활한 의사소통 관계를 만드는 것이지요."[9]

1959년 미국에 처음 진출한 혼다 오토바이. 신제품의 성공은 처음 결정한 전략을 한 치의 어긋남 없이 실행하는 불굴의 투지가 아니라 새로운 시장에 적응하는 과정의 스캣을 통해 얻을 수 있다는 사례를 명백히 보여주었다.

혼다 아메리카 사장을 지낸 가와시마 기하치로 씨의 회고담에 따르면, 혼다가 처음 미국에 진출했을 때 미국 오토바이 시장은 할리 데이비슨이나 BSA 같은 미국과 유럽산 대형 기종이 지배하고 있었다. 또 오토바이 고객은 '검은 가죽점퍼를 입은 터프한 사나이'라는 이미지로 각인되어 있었다. 카리스마 넘치는 엔지니어 출신 창업주 혼다 소이치로 회장은 이런 환경에 승부욕을 앞세웠다. 그리하여 250cc와 305cc를 중심 기종으로 결정하고 이를 강력하게 추진했다.

하지만 진출 이듬해부터 제품에서 오일이 새고 클러치가 잦은 고장을 일으키는 등 사고가 속출했고, 극심한 판매부진 속에 그나마 쌓아온 브랜드 인지도에까지 찬물을 끼얹는 결과가 나타났다. 일본보다 더 먼 거리를 고속으로 운행하는 미국의 오토바이 사용 환경을 간과했던 탓이다. 회장이 강력하게 밀어붙인 전략을 성공시키고자 항공운송을 통해 일본 본사에서 정비를 해주는 등 '불굴의 투지'를 발휘했지만 한번 가라앉은 시장은 냉랭하기만 했다. 판매에 핵심적인 역할을 했던 현지 오토바이 딜러들은 크게 낙담할 수밖에 없었다.

실은 그전에 시어스백화점에서 혼다의 50cc 오토바이를 판매해보겠다고 제안한 일이 있었다. 혼다 직원들이 시내 업무용으로 타고 다니던 소형 오토바이를 보고 앙증맞다는 느낌이 들어서라고 했다. 그러나 혼다는 단호하게 거절하고 말았다. 미국 시장에서는 오토바이가 딜러 아닌 일반 유통망을 통해 판매된 예가 없었기 때문이다. 더구나 대형 기종으로 승부하려는 혼다의 미국 전략에 맞지 않았던 것이다.

결국 혼다는 대형 기종의 실패라는 위기를 맞았다. 그런데 이때 기존 전략을 버리고 즉각적으로 새로운 결정을 내린다.

50cc 소형 오토바이를 스포츠용품점에서 판매하기 시작한 것이다. 그뿐 아니다. '검은 가죽점퍼를 입은 터프한 사나이'가 지배하는 전통적인 오토바이 시장에 도전한다는 의미에서 'You Meet the Nicest People on a Honda(당신은 혼다를 탄 가장 멋진 사람을 만나고 있습니다)'라는 광고카피를 내세우기도 했다. 상품이 조금씩 움직이기 시작하자 혼다는 전통적인 신용판매 방식을 버리고 파격적인 현금거래 방식을 내세웠다.

그 결과, 진출 이듬해인 1960년 50만 달러 매출에서 5년 뒤인 1965년에는 7,700만 달러의 실적을 올리며 미국 시장 점유율 63퍼센트를 차지하는 경이적인 성과를 올렸다. 이것이 바로 수많은 경영학자[10]가 혼다의 성공을 스캣의 대표적인 성공 사례로 인용하고, 심지어 '혼다 효과 Honda Effect'로까지 부르게 된 배경이다.

CHPATER
3
어떻게 스캣을 발휘하는가

어떻게 스캣을
발휘하는가

▍무엇이 잠재된 창의성을 촉발하는가

2001년 9월 11일, 세계무역센터 빌딩에 가해진 테러는 미국뿐 아니라 온 세계를 공포와 경악에 빠뜨렸다. 미국 역사상 전례가 없었던 참사로 2,749명이 사망했으며, 2년이 지난 2003년 9월까지 1만 명 이상이 부상으로 치료를 받았다. 경제적 손실은 약 830억 달러에 이르렀다고 한다.

그러나 음지가 있으면 멀지 않은 어딘가에 양지가 있는 법. 소방관들의 목숨을 건 구조활동은 물론 시민 자원봉사자들의 성심 어린 자원봉사, 예측 못 했던 규모의 재난에 적절하게 대응했던 관련 기관들의 상황처리 등은 우려와 관심 속에서 뉴욕을 지켜보던 온 세계 사람들을 또 한 번 놀라게 했다. 대책이 미비한 상황에서도 산더미처럼 쌓인 잔해들을 4분의 1인치 크기로 정밀 수색하여 4,257점의 시신 조각을 찾아내고 300명

이상의 신원을 신속히 확인한 일화만 봐도 비상대책기구~the Emergency Multi-Organizational Network: EMON~의 위기 대응 능력이 어느 정도인지를 알 수 있을 것이다.

9·11 테러 직후 예측하지 못했던 수많은 문제를 그토록 효과적이고도 신속하게 해결할 수 있었던 힘은 과연 무엇이었을까. 참담한 재난 현장에서 소방관과 경찰, 자원봉사자들이 한데 어울려 '마치 이날을 위해 맹훈련을 받은 사람들처럼' 일사불란하게 움직이는 모습을 봤다. 그 순간, 무대 위 재즈 밴드가 악보도 없이 관중과 호흡을 주고받는 즉흥연주의 한 장면이 생각났다면 엉뚱한 이야기가 될까.

사전에 준비된 악보에서 벗어나 자유롭게 연주하지만, 모든 악기가 기가 막힌 하모니를 이루는 즉흥연주. 이 잼 세션~jam session~에 관중이 더욱 열광하는 것은 각 연주자가 표현하는 자유로움과 창의력과 독창성, 그들이 한데 어우러져 만드는 상승효과 때문일 것이다. 순간적으로 떠올리는 악상도 중요하지만 이를 연속적으로 구조화하여 멋진 음악으로 풀어내는 즉흥연주는 '작곡과 연주를 겸해야 하는' 고도의 창의적인 작업이다. 연주되는 순간의 몰입뿐, 똑같은 음악은 두 번 다시 나오지 않는다. 리허설을 아무리 열심히 해도 마찬가지다. 수많은 관중 앞에서 펼쳐지는 라이브 공연처럼 '실수가 용납되지 않는 긴박한 상황'에서만 가능한 현상이다.

9·11 사태는 우리에게 굉장히 의미심장한 시사점을 제기했다. 전혀 예상치 못했던 일이 벌어졌을 때, 사람들이 즉흥적 의사결정과 행동—스캣으로 이를 해결할 수 있다는 사실이다. 예측을 제아무리 정확하게 했다 하더라도 구체적인 대응에서는 상황에 맞는 스캣이 따라야 한다는 것, 급박한 상황에서의 스캣은 말 그대로 '준비가 없는 상태에서' 발휘되지만 몇 가지 조건이 충족되면 훨씬 더 창의적일 수 있다는 것이다.

9·11 사태에 대해 깊이 연구한 트리시아 워텐도프의 결론은 이렇다.

> "예상치 못한 일이 벌어졌을 때 사람들이 '분명한 목표'와 '유사한 상황에 대한 지식'을 갖고 있다면, '상황을 정확하게 파악'할 수 있고 '규칙에 얽매이지 않는 자율성'이 보장된다면 스캣은 사람들 안에 잠재된 창의성을 오히려 극대화할 수 있다."[1]

긴박하거나 도전적인 상황에서 엄청난 창의성이 발휘된 사

분명한 목표 + 유사한 상황에 대한 지식 + 규칙에 얽매이지 않는 자율성 → 잠재된 창의성 극대화

스캣의 실행 조건

례는, 재난이나 전쟁뿐 아니라 과학적 발견과 기술의 발명 같은 분야에서도 어렵지 않게 찾아볼 수 있다. 출구가 보이지 않는 어려운 상황에서 스캣을 통해 예상치 못한 훌륭한 성과를 이끌어낸 사례들 말이다. 곤란한 상황에서 훨씬 창의적인 힘을 발휘하는 것이 인간이다.

어떻게 창의성을 끌어내는가

스캣의 성패 여부는 창의성이다. 그렇다면 창의성은 어떻게 만들어지는가. 국가·기업의 무한 경쟁 속에서 지식의 비중이 커지고 기술혁신 능력이 관건이 된 요즘, '창의성'에 관한 언론 기획보도나 관련 서적이 심심치 않게 쏟아져 나오고 있다. 하지만 이런 책 몇 권을 달달 외운다고 모두가 에디슨이나 모차르트가 될 수는 없는 일이다. 기실 창의성은 심리학이나 교

육학을 비롯한 거의 모든 학문 분야에서 오래전부터 아주 매력적인 주제였다. 역사상 가치 있는 대부분의 학문적 업적들은 사실상 창의성 높은 개개인을 중심으로 이루어져 왔다.

일반적으로 창의성이란 '새롭고 색다른 방법으로 문제를 해결할 수 있는 인간의 특성'[2]을 의미한다. 결국 창의성의 핵심 요소는 새로움novelty과 문제해결능력effectiveness이다. 예를 들어 토머스 에디슨은 2천 번이 넘는 실패 끝에 완전히 새롭고 뛰어난 조명 능력을 갖춘 전구를 발명했다. 이로써 그는 오래도록 촛불과 석유램프의 희미한 불빛들로 지탱되던 어두침침한 밤의 세계를 획기적으로 바꾸었다. 창의성을 이해하는 데 이만큼 확실한 사례는 없을 것이다.

창의적인 사람이란 어떤 사람일까. 지능지수IQ가 높은 사람은 그만큼 더 창의적일까?

그간의 연구들을 종합해보면 지능지수와 창의성 사이에 그다지 큰 연관성은 없는 것 같다. 1962년 시카고 대학에서 수행된 연구에 의하면, IQ 120 이상인 사람들을 대상으로 했을 때 지능과 창의성 간에 아무런 의미 있는 관계가 발견되지 않았다.[3]

캘리포니아 버클리 대학교가 기업에 속한 직원을 대상으로 실시한 연구에서도, 특정 수준 이상의 지능에서는 지능과 창

의성 간에 아무런 관계가 없음이 밝혀졌다.[4]

　이러한 연구 결과들이 의미하는 바는 분명하다. 기업에서 일반적인 직능을 수행할 정도의 사람들이라면, 누구든 최고의 창의성을 발휘할 능력이 있다는 것 말이다.

　창의성에 대해 우리가 가진 또 하나의 생각은 '나이가 젊을수록 창의성이 더 높을 것'이라는 믿음이다. 그런데 '나이는 숫자에 불과하다'는 말이 있다. 이 말이 마치 대단한 격언이라도 되는 듯 회자되었다는 사실은, (특히 우리나라) 사람들이 나이의 많고 적음을 얼마나 필요 이상의 잣대로 삼아왔는지를 반증하는 것일 터이다.

　인간의 지능을 구성하는 요소를 찾아내는 데 한평생을 바친 길포드Guilford는 '지능 구조'라고 불리는 모델을 통하여 다음과 같이 주장했다.

> "확장적 사고divergent thinking를 하는 사람은 단 하나의 정확한 해답을 찾아서 영역을 좁혀나가는 사고, 즉 수렴적 사고convergent thinking를 하는 사람보다 더 창의적이다."[5]

　결국 창의성은 사고의 방법이 관건이다. 정상적인 사고를 할 수 있는 나이라면 연령은 문제가 아닌 것이다. 이는 기업의 관점에서 창의성을 분석한 세계적인 베스트셀러 《기업의 창의력 Corporate Creativity》의 저자 알란 로빈슨 Alan Robinson과 샘 스턴 Sam Stern이 단언한 내용 그대로다. 그들은 "사람의 나이는 그가 창의적인 행위를 할지 안 할지에 대해 아무것도 말해주는 것이 없다"고 했다.[6]

그런데 알란 로빈슨과 샘 스턴은 이 책 서두에 '창의성이 나타나는 과정'에 대해 아주 흥미로운 사례를 제시했다.[7]

한국전쟁 당시 심리학자 폴 토렌스 Paul torrance는 미 공군으로부터 특별한 훈련 프로그램의 개발을 의뢰받았다. 조종사와 승무원들이 극한의 추위와 불길 속, 바다와 정글 또는 적진 후방에 고립되는 등의 상황에서 생존할 수 있는 능력을 키우도록 하는 프로그램이었다. 토렌스는 관련 연구 문헌과 기존 훈련 프로그램 등을 조사하고, 제2차 세계대전 당시 이러한 상황에서 살아남은 군인들과 인터뷰를 하는 등 광범위한 연구를 진행했다.

그러던 중 토렌스는 놀라운 사실을 발견하게 된다. 극한의 상황에서 생존하기 위해 가장 중요한 무엇은 어떤 군사 훈련 프로그램에서도 가르쳐주지 않았던, 바로 창의성이라는 것이었다. 기존의 훈련 프로그램들은 조종사들이 처할 수 있는 거의 모든 극한 상황에 관한 대처방법들을 가르쳐주었다. 실제 일어난 사례에 대한 토론은 물론 오랜 시간의 모의 훈련도 수없이 실시했다. 그러나 생존자들의 증언에 의하면, 실제로는 아무리 많은 훈련을 받았더라도 전혀 예측 못 했거나 기대하지 않았던 상황을 만나곤 했다는 것이다. 훈련을 통해서는 배우지 못했던 생존 방법을 찾아내기 위해 그들은 훈련에서 얻었던 지식과 살아오면서 쌓았던 인생 경험을 빠른 시간 내에 조합해야 했다.[8]

극한의 상황에서 생존은 스캣 그 자체다. 스캣은 창의성을 끌어내는 가장 효과적인 방법이다. 이처럼 인간은 예측 못 했던 곤란한 상황에서 평소보다 월등한 수준의 창의성을 발휘한다.

창조와 창의성의 차이

예측 못 했던 긴박한 상황에서 발휘되는 스캣일수록 더욱 생산성 높고 창의적인 아이디어의 개발로 이어진다. 그 까닭은 왜일까?

가장 먼저, 당장 해결해야 할 긴급한 문제에 봉착한 상황에서는 사고의 집중력이 높아지고 대뇌 활동이 활성화된다는 점을 들 수 있다. 앞서 지적했지만 곤란한 상황에 부닥쳤을 때 사람들은 없던 지혜도 짜내기 마련이다. 대표적으로 도요타의 '안돈 시스템'이 있는데 스캣의 이러한 측면을 철저히 활용한 방식이다. 쉽게 말해 어떤 문제가 돌출했을 때 숨기고 덮어두는 대신 당장 그 자리에서 드러내놓는 것이다. 그로 말미암아 가동률이 다소 떨어지더라도 현장에 일부러 혼란을 일으켜가며 '전 직원이 어떻게 해서든 문제를 해결하고자 지혜를 짜내게끔' 한다.

스캣의 창의적 생산성이 높은 또 다른 이유는 보다 근본적인 데 있다. 이를 이해하기 위해 먼저 창조와 스캣의 차이점을 짚고 넘어가자.

창조란 여태 없었던, 새롭고 의미 있는 무엇을 만들어내는 것이다. 자격이나 제한 같은 것은 필요 없다. 누구든 창조를 해낼 수 있고 어떤 것이든 창조될 수 있다. 따라서 창조의 과정 역시 어떠한 틀이나 규칙이 필요 없다. 오로지 창조자의 통찰력에 의존하는 것이다.

하지만 스캣은 다르다. 스캣은 스캣이 일어나는 상황에 이미 일정한 틀이 주어져 있고, 창의적인 결과물을 만드는 데에도 여러 가지 실마리를 활용한다.

예를 들어보자. 한 아이에게 신문지만큼 넓은 종이와 온갖 색깔이 들어 있는 수채화 물감, 유화 물감, 크레용, 크레파스, 파스텔 등을 건넨 다음 아무거나 예쁜 그림을 그려보라고 했다. 얼마 뒤, 같은 아이에게 흰색 A4 용지 한 장과 세 가지 색깔의 색연필을 주고 '엄마'를 그려보라고 했다.

아이는 어떤 경우에 더 쉽게 더 그럴듯한 그림을 그렸을까?

첫 번째 상황에서, 아이는 거의 무한대의 선택 앞에 질린 나머지 무엇을 어떻게 그릴지 결정하는 데에단 오랜 시간을 허비해야 했을 것이다. 이는 마치 바이올린 연주자를 무대에 세워놓고 아무 테마도 멜로디도 없이 당장에 새로운 곡을 연주해보라는 것과 비슷하다. 두 번째 상황은 즈금 다르다. 비록 서툴다 하더라도 아이는 색연필을 바꿔 쥐어가며 평소 생각하던 엄마의 모습을 그리는 데 쉽게 몰입할 것이다. 이것이 창조와 스캣의 차이다.

다음은 '창의성'의 개념을 가장 잘 요약했다고 생각되는 문장이다.

"창의성이란, 당신이 지금 생각하는 것을 뛰어넘기 위해서 당신이 이미 알고 있는 것을 어떻게 활용하는가를 궁리하는 것이다."[9]

즉흥연주는 연주되어야 할 음악과 그 악보를 바탕으로 한 창의성에서 시작된다. 마찬가지로 스캣은 주어진 상황이라는 실마리와 달성되어야 할 목표가 우리의 창의성을 자극하면서 시작된다. 스캣을 하려는 의지와 훈련이 되어 있다면, 우리 모두 훌륭한 재즈 연주자가 될 수 있다.

세일즈맨의 창조적 스캣

전설적인 세일즈맨 찰스 로드_{Charles Rhodes}가 젊은 시절 처음 세일즈에 나섰을 때 이야기다. 처음 시작할 무렵의 세일즈맨이라면 대부분 마찬가지겠지만, 찰스는 단 한 건의 주문도 받을 수 없었을 뿐만 아니라 가능성 있는 고객과 이렇다 할 대화의 기회조차 잡을 수 없었다. 그가 세일즈맨이라는 것을 알아챈 사람들이 모두 그를 피했기 때문이다.

궁여지책 끝에 그는 양복 단춧구멍에 꽃을 꽂고 주택가를 돌아다니기로 했다. 어느 날, 마침내 어느 주택의 정원을 가꾸고 있는 사람에게 다가가 인사를 건네면서 대화가 시작되었다. 주고받을 이야기도 별로 없었기에 그는 정원 가꾸기를 도와주며 적잖은 시간을 할애했다. 나중에 그 집을 떠날 때, 그는 조용한 목소리로 '자신은 세일즈맨인데 고객을 찾다가 오늘 여기까지 온 것'이라고 밝혔다. 그 사람과 두 번째 만났을 때, 찰스 로드는 첫 번째 주문을 약속받게 된다.

어느 제품이건 세일즈는 정말 어렵고 그만큼 지원하기를 꺼리는 분야다. 물론 업체마다 직종마다 충분한 세일즈 매뉴얼이 있고 조직들 나름대로 철저한 교육 코스를 가지고 있다. 그러나 배운 대로 다 된다면 누가 세일즈를 마다할 것인가.

세일즈가 어려운 이유는 통제할 수 없고 예측할 수도 없는 수많은 변수를 끊임없이 만나야 하기 때문이다. 공들여 준비한 제안서를 가지고 가망고객을 만났는데 미팅 현장에서 커피를 쏟는다거나 하는 사소한 일부터, 느닷없이 끼어든 경쟁자가 더 나은 조건을 제시하는 것까지 사전에 도저히 가늠해볼 수 없는 장애요소들이 도처에 널려 있다. 만나는 고객마다 성격과 정서와 취향이 다르고, 심지어는 고객의 기분까지도 날마다 다르다. 이런 요소들이 성과에 큰 영향을 미치기 때문에 세일즈란 정말 어려운 분야일 수밖에 없다.

그래서 유능한 세일즈맨은 가장 먼저 고객을 열심히 관찰하고 그의 말을 경청한 다음, 적극적인 커뮤니케이션을 통해 이러한 불확실성을 줄여나간다. 그리고 이를 바탕으로 고객이 마음에 들어할 만한 제안을 하기 위해 최선을 다한다. 유능한 세일즈맨들은 한마디로 고객 앞에서 변화무쌍한 스캣의 달인들이다.

'성공한 세일즈맨과 즉흥예술인의 공통점'에 관한 최근 연구에 따르면 성공한 세일즈맨들은 가망고객의 개인 정보를 바탕으로 한 대인 의사소통 기술에, 연극 공연이나 재즈 연주에서 볼 수 있는 즉흥 테크닉을 결합해 높은 성과를 올리고 있다고 한다.[10]

세일즈맨뿐 아니라 제한된 시간에 예상치 못한 문제를 창의적으로 풀어야 하는 재난대책요원, 군인, 소방수 등에게도 스캣은 성패를 결정짓는 매우 중요한 요소다. 더불어 이는 천부적인 것이라기보다 하나의 전략으로서 학습을 통해 획득할 수 있는 기술이다.

발상의 전환과 자기 훈련

즉흥연주에 능한 연주자들의 대뇌 활동을 살펴보면, 순간적으로 새로운 악상을 떠올리는 것만이 전부가 아님을 알 수 있다. 떠오른 악상을 연속적으로 질서정연하게 또한 조화롭고 아름답게 구조화하는 쉽지 않은 기술 능력까지 요구되기 때문이다. 사전에 충분히 연습하고 악보 그대로 따라가는 일반적인 연주와 비교해보면 그 차이를 확연히 알 수 있다.

오래전부터 즉흥연주는 일반 연주자들이 흉내 내기 어려운 고도의 기술 혹은 높은 수준의 창의적 예술로 인식되어왔다. 이를테면 쇼팽, 모차르트, 베토벤은 모두 즉흥연주의 대가로 유명했다. 영화 〈아마데우스Amadeus〉에는 오스트리아 황제 앞에 선 젊은 모차르트가 살리에리의 작품을 종횡무진 즉흥적으로 변주하는 장면이 나온다. 이로써 숙적 살리에리에게 큰 절망감을 안겨주는데, 한편으로 이 장면은 즉흥연주에 대한 우리의 선입견을 아주 잘 보여주고 있기도 하다.

그렇다면 과연 즉흥연주는 타고난 천재들만의 영역일까? 그렇지 않다. 2007년 미국에서 '올해의 피아니스트'로 선정된 재즈피아니스트 댄 테퍼는 이 문제에 대해 설득력 있는 설명을 남겼다.

> "즉흥연주란 '귀에 들리는 음을 표현하는 것'이라 정의하고 싶다. 연주자는 먼저 대위법, 화성학 등 음악 형식과 관련된 요소를 깊이 이해한 뒤, 음감을 키우는 청음 연습을 부지런히 하면서 잠재의식 속에서 곡을 깊이 이해하려는 마음을 가져야 한다. 그러다 보면 어느 순간 연주되고 있는 곡에 이어지는 악

상, 현장에서 느끼는 자기의 감성에 자연스럽게 이어질 음이 귀에 들려올 것이다."

결국 모든 것은 노력에 달려 있다는 말이다. 그렇지 않은가? 이 시대 최고의 세일즈맨이자 세계적 작가인 지그 지글러Zig Zigler는 '세일즈란 단순히 직업이 아니라 삶의 방식'이라고 말했다.[11] 세일즈맨으로 성공하려는 사람이라면 일상 속에서 자신의 기초를 튼튼히 세우고 불철주야 노력해야 한다는 이야기다.

한국의 세일즈 명인 열두 명을 주의 깊게 연구한 보고서[12]를 읽어보면, 흥미로운 사실 하나를 알게 된다. 물건을 파는 최고의 기술을 가진 그들은 특별한 사람들이 아니라 우리 주변에서 흔히 볼 수 있는 평범한 사람들이라는 것이다. 하지만 이들은 보통의 영업사원과는 다른 사고방식을 가지고 있었다. 영업방식도 독특했으며, 근무태도도 남다른 점이 많았다. 이 흥미로운 문제에 대해 저자들은 다음과 같은 결론을 내렸다. 세일즈 명인들은 '평범한 삶을 살다가 어느 순간 자신이 가졌던 생각의 틀을 부수는 경험을 통해 오늘의 자리에 오르게 되었다'고 말이다.

책에 소개된 김정애 씨는 세일즈 경력 12년(2004년 기준)에 판매왕을 열 번이나 차지한 가전제품업계의 퀸 세일즈우먼이다. 평범한 주부였던 그녀가 처음 세일즈를 시작하고자 했을 때 주변에서 말리는 이들이 적지 않았다. 유난히 말솜씨가 없고 남의 집 초인종도 못 누를 정도로 쑥스러움을 많이 타는 성격이었기 때문이다. 고객들로부터 '영업을 할 관상이 아니다'라는 말까지 숱하게 들었다. 그렇지만 그녀는 최종적으로 판매왕의 자리를 거머쥐었다. 김정애 씨는 여전히 서툰 말솜씨로 이렇게 고백한다.

"그래요. 세일즈우먼으로서의 천부적인 자질은 없을 거예요. 하지만 시대의 흐름을 잘 읽고 창의적인 영업방법을 찾는 노력이 현재의 위치에 오르게 한 것 같아요."

김정애 씨가 밝힌 세일즈의 비법과 마찬가지로 스캣 능력도 타고나는 것처럼 보이지만 실은 일상 속의 자기 노력으로 길러진다. 그럼에도 우리는 스캣 능력이 천부적인 것이라는 선입관을 갖곤 하는데, 즉흥연주나 즉흥연기 같은 예술 분야로 말미암은 영향이 큰 것 같다.

우리 모두가 모차르트가 될 수는 없다. 그래서 창조 스캣도 아무나 하는 일이 아니라고 생각하기 쉽다. 하지만 일상과 직장에서의 과업 수행을 위한 스캣이라면 '천부적인 재능' 보다는 '발상의 전환과 자기 훈련'이 더욱 많이 요구된다. 내성적인 성격으로 판매왕의 자리에 오른 김정애 씨가 그 산 증인이다. 고객마다 다른 영업상황에서 매 순간 스캣을 해야 하는 그녀가 그 자리에 오르기까지 필요했던 것은 '천부적인 재능이 아니라 발상의 전환과 꾸준한 자기 훈련'이었다.

생각을 바꾸고 (지글러의 말처럼) 삶의 방식을 바꾸는 일, 이는 콜럼버스의 달걀과 같다. 콜럼버스가 달걀을 세운 방법은 간단했지만, 곁에서 그를 비웃던 누구도 달걀을 세우기 위해 깨뜨릴 생각을 하지 못했다.

스캣은 새롭지만 그다지 멀리 있지 않은 삶의 방식이다. 고정되어 있던 생각을 바꾸는 속에서, 일상의 부단한 자기 노력을 통해서 스캣 능력은 키워진다. 중요한 것은 무슨 일이든 '늘 하던 대로 혹은 남이 하는 대로 생각 없이' 따라가기만 해서는 안 된다는 것이다. 무언가 새롭게 해보려는 삶의 태도와 노력이 스캣의 전문가를 만든다.

▌분명한 목표는 살아 있는 미끼다

콘스탄틴 스타니슬랍스키Konstantin Sergeevich Stanislavsky는 러시아

가 배출한 위대한 연출가이자 배우다. 그가 제창한 연기 기법들은 오늘날 사실적인 연기 방식의 원조로 평가받고 있다. 특히 에튀드etude는 스타니슬랍스키의 신체 행동법을 실제 무대와 연기교육 현장에서 적용하는 가장 기초적인 활용법이다.

에튀드에 의하면, 배우는 연기에 몰입하기 전에 다음과 같은 기본적인 사항들을 구체적으로 인식한 뒤 무대 상황에 부딪혀야 한다.[13]

1. 이야기의 줄거리는 무엇인가?
2. 나는 무엇을 원하는가?
3. 여기는 어디인가?
4. 나는 어디에서, 어떠한 상황에서 등장하는가?
5. 이야기가 어떻게 끝나야 하는가?

배우는 연기를 하기 전에 상황에 따른 인물의 감정 변화, 대사, 무대 행동을 미리 생각해서는 안 된다. 이러한 '준비'가 배우의 즉흥적인 창조성을 억압하는 가장 큰 방해 요소이기 때문이다. 배우는 내부에 깊이 숨어 있는 창조적 잠재의식을 창조의 순간에 아주 자연스럽게 불러내야 한다. 그리고 이를 지속적으로 유지하여 의식이 원하는 방향으로 흘러가도록 유도

콘스탄틴 스타니슬랍스키

해야 한다. 바로 이것이 배우의 사실적인 역할창조 작업에 궁극적인 도움을 주는 에튀드이다.

에튀드에서 언급한 이 다섯 가지 정보는, 예컨대 고객과의 미팅 자리에서 세일즈맨에게 필요한 정보와도 같다. 세일즈맨은 예측치 못했던 상황을 만나더라도 신속한 대응방안을 결정하고 새로운 협상 카드를 내놓아야 한다. '나는 지금 어디서 어떤 고객을 만나고 있는가?', '무슨 목표를 가지고 어떤 상담을 끌어가고 있는가?', '적어도 어느 정도 수준에서 상담을 타결할 것인가?' 등은 세일즈맨이 항상 유념해야 할 사항들이다.

살아 있는 즉흥연기를 위해, 연기자는 상황의 정확한 이해와 상상력, 그리고 훈련된 행동에 의한 표현력을 익혀야 한다. 여기에 스타니슬랍스키는 '분명한 목표'를 강조했다.

> "무엇보다도 설정한 목표가 분명하게 정의되었는지 확인해야 한다. 목표는 분명해야 할 뿐만 아니라 매력적이고 자극적이어야 한다. 목표란 우리의 창조적 의지를 사냥에서 사용하는, 살아 있는 미끼로 이용하는 것과도 같다. 창조적 의지란 열정적인 욕구의 영감을 받을 때 가장 강력해지기 마련이다. 목표는 우리의 창조적 의지 뒤에 있는 강력한 원동력이다. 또한 목표는 창조적 의지의 가장 강력한 자석이다."[14]

이는 긴박한 상황에서 아무런 사전 계획 없이 스캣을 발휘해야 하는 기업들이 배워둘 부분이다. 대표적인 예로 도요타를 들 수 있다. 도요타는 2008년 미국 발 금융위기로 1963년 이후 처음으로 적자를 기록했다. 그렇지만 임직원들은 그들이 가야 할 길에 대한 확실한 이해와 현재의 상황을 뛰어넘는 아이디어를 갖추고 있었다. 또한 평소 위기관리에 대한 지식을 축적해왔고 훈련을 해왔기에 이를 바탕으로 위기를 극복할 수 있었다. 도요타는 2009년부터 3세대 프리우스, 렉서스 하이브리드 등 총 23종의 하이브리드 라인업을 추가했다. 또 엔화 강세에 의한 수출부진을 해결하기 위해 소형차는 30퍼센트, 하이브리드차는 50퍼센트의 원가절감이라는 상상 이상의 목표를 설정했다.

얼마 전 대대적인 리콜 사태로 신뢰의 위기 속에서 고전하고 있지만, 이 역시 도요타가 진정한 글로벌 기업으로 거듭나는 진통으로 보인다. 향후 사태가 진정되면 한층 업그레이드된 '고품질 부품 조달 네트워크'와 '원가절감으로 인한 체질 개선'으로 우리나라 기업에겐 더욱 위협적인 상대가 되지 않을까 생각한다. 도요타 내부에는 오랜 호황에도 항상 긴장감을 유지해온 '마른 수건 짜내기 혁신'이라는 전통적인 경험이 축적되어 있기 때문이다.

시간적 긴박성을 바탕으로 사람의 창의성을 발현시키는 스타니슬랍스키의 에튀드와 스캣은 기본적으로 같은 방법이다. 에튀드가 그렇듯, 스캣 역시 스캣하는 사람의 창조적 의지와 열정이 가장 중요하다. 어떤 분야, 어떤 상황이건 사람의 창의성과 열정은 불가분의 관계에 놓여 있다.

스캣의 세 가지 방법

이제 문제는 '어떻게how'다. 과연 어떻게 하면 예상 못 했던 상황에서 적절한 스캣을 구사할 수 있을까? 이를 위해서는 먼저 스캣의 방법부터 알아보는 것이 순서일 것이다.

그림 3-1은 예술세계에서 일어나는 스캣을 '일'의 관점으로 확장해 형태별로 분류한 것이다. '사전 계획의 활용'과 '스캣 아이디어 소스'를 분류의 기준으로 사용하면, 스캣은 다음과 같이 세 가지 방법으로 나누어진다.[15]

먼저 변형 스캣Transformational Scat은 현재 주어진 상황에 대응하는 사전 계획이 수립되어 있지만 그대로 실행하기에는 계획이 적절하지 않은 경우, 기존 계획을 신속하게 수정해서 실행하는 스캣이다. 기존 계획의 수정은 자신을 비롯한 조직 내부로부터 또는 고객의 요구나 경쟁자의 제안 등 외부 아이디어에 의해 이루어진다. 주변에서 가장 흔하게 볼 수 있는 형태의 스캣이다. 개그 프로그램이나 연극 무대에서 청중의 반응에 따라 시도되는 애드리브가 대표적인 예다. 기존의 대본은 있지만 줄거리에 영향이 없는 한도에서 내용을 변형하는 기술이다. 갑자기 마음을 바꾼 고객의 예상치 못한 요구에 이미 계획해놓은 제안 내용을 신속하게 변경하여 거래를 성사시키는 경

그림 3-1 스캣의 방법

우처럼 개인의 일상과 기업, 나아가 정부에서도 가장 흔히 이루어지는 형태의 스캣이라 하겠다.

적응 스캣Adaptive Scat은 현재 처한 상황에 대비해 수립한 계획이 없거나 있으나 마나 한 경우에 상황이 요구하는 대로 신속하게 적응하는 형태의 스캣이다. 적응 스캣도 변형 스캣과 마찬가지로 '정확한 상황 판단'이 중요하다. 그렇지만 상황이 요구하는 대로 무조건 따라가는 것이 아니다. 차이가 있다면 의사결정의 기준(바탕)이 될 사전 계획이 있는가 없는가 하는 것이다. 따라서 보다 어려운 스캣이라고 할 수 있다.

창조 스캣Creative Scat은 적응 스캣처럼 현재 처한 상황에 대비해 사전에 수립된 계획이 없거나 있으나 마나 한 경우, 창의적인 아이디어로 상황을 타개하는 방법이다. 적응 스캣의 아이디어가 외부의 요구에 의한다면, 창조 스캣은 스스로 창출한 영감이나 아이디어를 가지고 정면으로 상황을 타개한다. 한 예로 베토벤의 〈월광 소나타〉를 들 수 있다. 밤길을 거닐던 베토벤이 장님 소녀를 발견하고는, 그녀가 치던 피아노에 앉아 창에 비친 달빛을 바라보며 즉석에서 작곡했다고 전해진다. 전설 같은 이야기지만 이야말로 창조 스캣의 전형일 것이다.

1895년 겨울, 독일 뷔르츠부르크 대학의 물리학 연구소. 빌헬름 뢴트겐은 크룩스관[16]을 투과하는 뜻밖의 정체 모를 선을 발견한다. 크룩스관은 어떤 광선도 통과할 수 없도록 두꺼운 마분지로 밀폐되어 있었다. 이 발견으로부터 뢴트겐은 연속적인 창조 스캣을 발휘한다. 먼저 그는 마분지를 통과하는 이 불가사의한 선에 대해 나무판과 헝겊 그리고 금속판을 차례로 놓으며 실험을 계속했다. 그 결과 나무와 섬유는 통과했지만 금속은 통과하지 않았다. 이어 뢴트겐은 정체 모를 선 앞에 사진 건판을 놓고, 아내를 설득하여 그 위에 손을 넣도록 했다. 그러자 건판에 뼈가 뚜렷이 보였고, 그 둘레도 근육이 엷은 윤곽을 그리고 있는 모습이 나타났다. 과학사의 한 부분이 뒤집어지는 순간이었다. 뢴트겐이 선보인 연속적인 창조 스캣과 그 성과는, 마치 무대의 재즈 연주가들이 앞서 연주된 소절에 따라 다음 소절을 결정하며 한 곡을 완성해가는 즉흥연주 과정과도 비슷하다.

협상의 귀재라 일컫는 중국인들이 잘 쓰는 비법 중 하나로 출기불의出其不意전략이라는 게 있다. 협상 과정에서 요구조건이나 제안 등을 갑자기 바꾸어 상대방을 당황케 함으로써 굴복이나 양보를 받아내는 전략이다.[17]

구체적인 방법으로는 새로운 요구를 갑작스럽게 제기하거나 중요 일정을 변경하거나 미팅장소를 지저분하고 협소한 곳으로 갑자기 변경하거나 또는 돌연한 협상 대표 교체, 협상장 퇴장, 갑자기 언성을 높이는 식의 무차별적인 인신공격 등이 있다. 협상이 기대했던 대로 이루어지지 않을 때 국면타개를 위해 사용하는 전략이다. 그 자체가 창조 스캣적인 성격이 다분하다. 그리고 이러한 예상치 못한 상대의 행동에 휘말리지 않고 적절히 대응하기 위해서는 방어 전략에서도 창조 스캣이 필수적이다. 상대방의 수를 미리 알 수 없는 창조 스캣의 장군 명군인 셈이다.

어떤 상황에 더 적합한가

그렇다면 이 세 가지 형태의 스캣은 어떤 상황에서 쓰는 것이 적절할까?

분명히 말할 수 있지만, 일상적인 삶에서 우리는 이 세 가지 스캣의 적합한 상황들을 이미 다 파악하고 있다. 우리의 삶이 곧 스캣이고, 사람마다 조금씩 차이는 있지만 우리는 모두 타고난 스캣의 전문가들이기 때문이다.

그림 3-2의 스캣 결정 나무Scat Decision Tree는 우리가 이미 알고 있는 내용들을 일상적으로 수행하는 과업의 관점에서 논리적으로 정리한 것이다. 이를 통해 우리 머릿속에 감춰진 아까운 스캣 능력과 스캣 방법을 결정하는 내재된 논리를 확인할 수 있다.

먼저 '대응해야 할 변화 요인의 발생'을 살펴보자. 이것은 이를테면 회사 근처에 구내식당만큼 싸고 맛있는 식당이 문을 열었다든지, 100년 만의 엄청난 폭설로 교통이 마비되었다든지 등 일상적인 과업 수행에 직접적인 영향을 미치는 변화가 발생했다는 뜻이다.

만약 이러한 상황을 예측하여 대응하기 위한 사전 계획이 준비되어 있다면, 먼저 그 계획이 현재 상황에서 실행 가능한

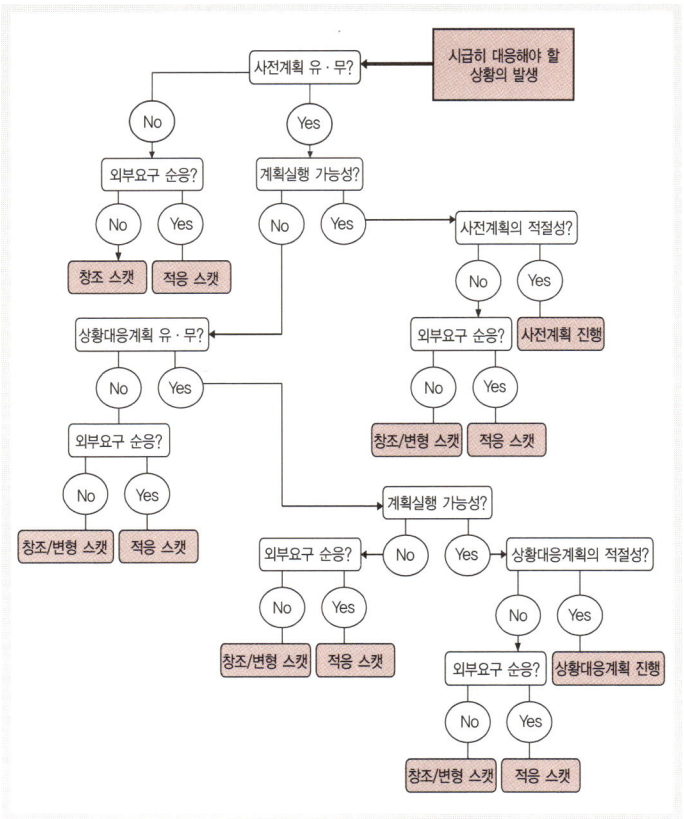

그림 3-2 스캣 결정 나무

지 여부를 따져봐야 한다. 이것이 '계획 실행 가능성'이다. 만일 실행 가능성이 없다면 그 계획을 폐기하고, 통상 위기관리의 일환으로 수립하는 상황 대응 계획contingency plan의 유·무를

영화 〈피닉스〉의 한 장면

점검해야 한다. 반대로, 실행이 가능하다면 필요한 인력과 조직, 실행예산 규모 등의 관점에서 '계획의 적절성'을 따진다. 상황에 비추어 계획의 적절성이 떨어진다고 판단될 때는 계획을 수정하거나 아예 계획 자체를 폐기하고 상황이 요구하는 대로 적응하는 방법도 있다.

이러한 몇 가지 사항을 고려하면서 스캣 결정 나무를 관찰하자. 변형 스캣과 적응 스캣 그리고 창조 스캣이 사용되는 예가 더욱 분명해질 것이다.

2004년 상영된 〈피닉스Phoenix〉는 존 무어 감독이 1965년 작

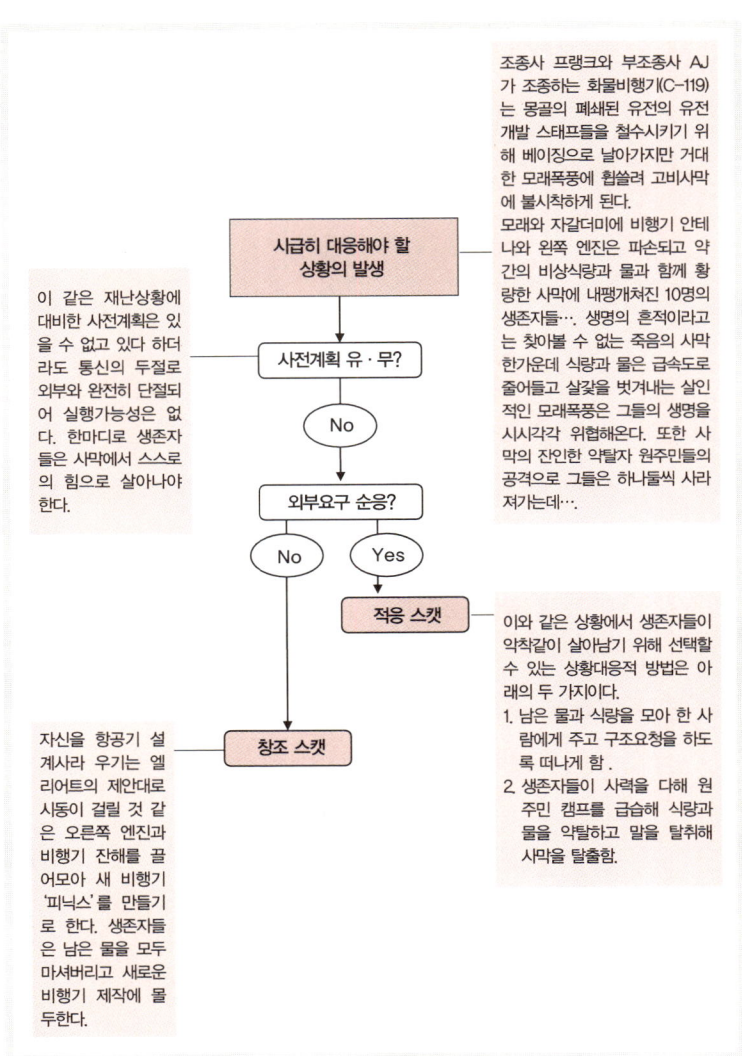

그림 3-3 영화 〈피닉스〉에서 나타나는 적응 스캣과 창조 스캣의 결정 나무

을 리메이크한 것이다. 고비사막에 화물비행기가 추락했는데 그 사고에서 살아남은 이들이 생존을 위해 어떻게 몸부림쳤는 가를 적나라하게 보여준 영화다. 그들은 외부와의 통신이 두절된 채 얼마 남지 않은 물과 식량, 살갗을 도려낼 듯 살인적인 모래폭풍, 그리고 이들의 목숨을 노리는 원주민들의 위협이라는 극한의 상황에 처해 있었다.

그림 3-3은 이들 생존자가 처한 상황에서 스캣 의사결정에 이르는 과정들을 앞서 그림 3-2에서처럼 나타낸 의사 결정 나무다. 마지막에 생존자들이 역경을 직접적으로 타개하는 '적응 스캣'과 번뜩이는 창의성으로 상황 자체를 뛰어넘는 '창조 스캣'을 잘 보여주고 있다.

물과 식량이 떨어지고 동료가 원주민들에 의해 하나둘씩 죽어가는 절박한 상황에서 생존자들은 창조 스캣을 발휘한다. 영화 제목처럼 '불사조'를 탄생시켜 사막에서 탈출하기로 한 것이다. 일행은 불시착한 비행기 잔해에서 그래도 상태가 나은 오른쪽 엔진과 부품을 떼어내, 자칭 항공기 설계사라는 엘리어트(실제로는 모형비행기 설계사)의 지휘 아래 새로운 비행기를 만든다.

그림 3-4는 2010년 겨울, 구제역 탓에 학교 급식 '우유 대

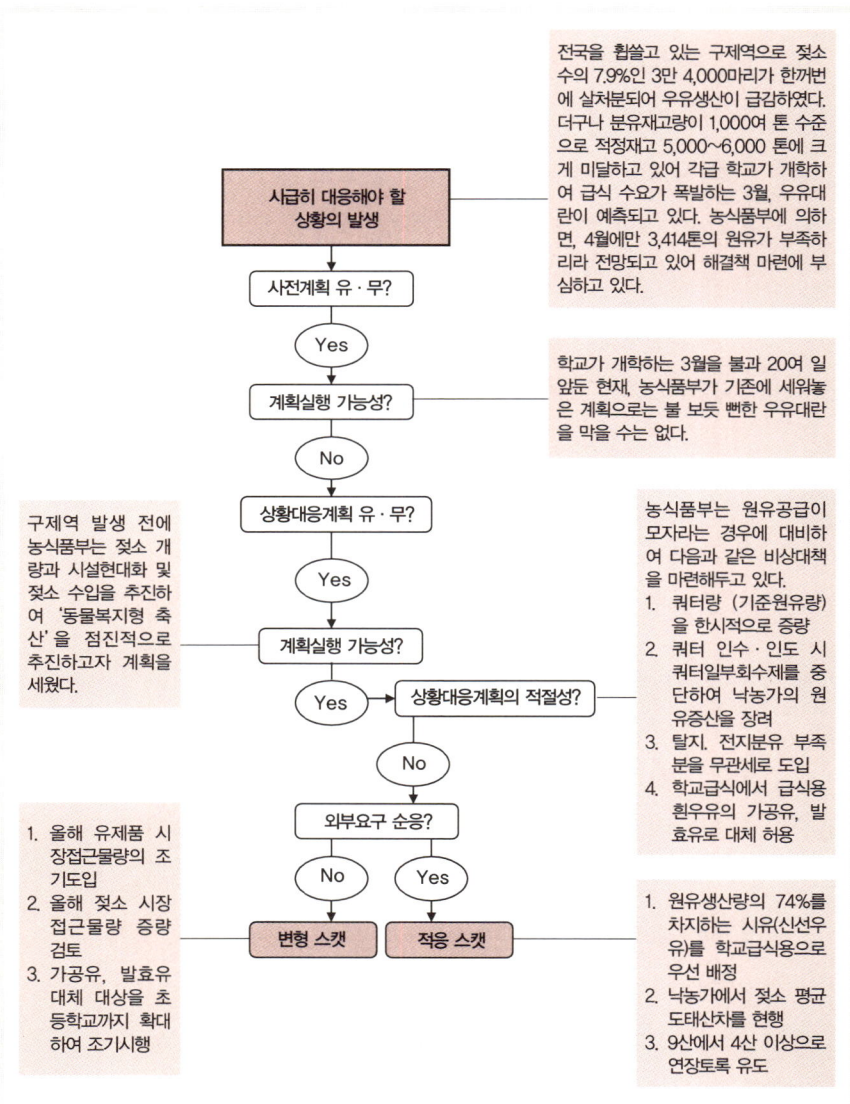

그림 3-4 구제역 파동에 의한 학교 급식 '우유 대란' 해결을 위한 변형 스캣과 적응 스캣의 결정 나무

란' 이 발생했을 때 스캣이 어떻게 이뤄졌는가를 보여주는 의사결정 나무다. 의사결정 주체인 농림수산식품부의 축산정책과 우유부족 사태에 대비한 비상대책, 다시 말해 기존의 대책을 현 상황에 맞춰 변형한 변형 스캣과 적응 스캣으로 상황에 대응하는 과정들을 살펴볼 수 있다.

  3월 개학 시즌 이후로 예상되는 우유부족 사태의 규모에 비추어볼 때, 기존의 축산 대책이 잘못된 것이라기보다 정책효과가 나타나는 시점과 정책효과의 크기가 충분하지 못하다는 점에서 스캣을 시작해야 한다. 스캣을 하되 농림수산식품부는 적응 스캣과 변형 스캣 둘 중 하나의 방법을 선택하거나 동시에 쓸 수 있다. 그리고 그림 3-4에는 나타나 있지 않지만, 본 그림에서 나오는 해결방안 외에 새롭고 창의적인 아이디어로 창조 스캣을 할 수도 있다.

호기심 많은 조지

〈호기심 많은 조지Curious George〉는 한스 레이와 마거릿 레이 부부의 그림책을 원작으로 한 TV용 어린이 만화다. 야생의 원숭이가 대도시에서 생활하면서 수많은 일들이 일어나는데 이를 따뜻하고 코믹하게 그려낸 작품이다. 2006년에는 극장용 영화로도 만들어져 미국에서만 개봉 첫 주 사흘 동안 1,470만 달러를 벌어들이는 대성공을 거두기도 했다.

주인공 꼬마 원숭이 조지는 원래 아프리카에서 살고 있었다. 그러다 어느 날 '노란 모자를 쓴 아저씨'와 함께 대도시로 건너가 살게 된다. 제목에서처럼 조지는 정말로 호기심이 많다. 그래서 가는 곳마다 사고를 치고 마는데, 그를 욕하는 사람은 아무도 없다. 이유는 간단하다. 늘 그렇듯 조지의 호기심이 처음에는 여러 사람을 번거롭게 하지만, 결국 모두에게 좋은 결과를 가져오기 때문이다. '지나친 호기심은 사람을 곤경에 빠뜨린다 curiosity killed the cat'는 서양 속담이 있지만, 궁금한 것이라면 무엇이든 해봐야 직성이 풀리는 조지는 어른들에 의해 억압된 아이들의 호기심을 대신 표출해주는, 모든 이에게 사랑받는 귀여운 원숭이다.

그런데 조지의 행동을 가만히 살펴보면, 스캣의 전문가들로부터 볼 수 있는 몇 가지 특징이 발견된다. 첫째, 아프리카 밀림에서 살던 조지는 대도시라는 전혀 새로운 환경으로 건너왔지만 움츠러들기는커녕 이 거대한 공간을 오히려 신기하고 재미난 놀이터로 인식한다. (스캣의 전문가들은 겪어보지 못한 낯선 상황에 처했을 때, 두려워하기보다는 호기심을 더욱 자극받는 편이다.)

호기심 많은 조지

둘째, 조지는 주인인 '노란 모자를 쓴 아저씨'가 곁에 없어도 전혀 기가 죽지 않는다. 오히려 더욱 신나게 이것저것을 해보며 호기심을 해결한다. '노란 모자를 쓴 아저씨'는 조지가 저지르는 모든 사고를 책임지는 보호자이며 동시에 상황에 적합한 행동을 아주 구체적으로 가르쳐주는 가이드이기도 하다. (스캣의 전문가는 책임자·상급자·보호자나 정해진 규범, 행동규칙, 업무매뉴얼이 없어도 절대 당황하지 않는다.)

셋째, 아이스크림 가게 등 처음 보는 장소에 갔을 때 조지는 조심성 있게 주변을 살피기보다는 적극적인 행동을 통해 주변 환경의 특징을 익혀간다. 이를테면 아이스크림 가게 주인이 주걱scoop으로 아이스크림을 콘에 담는 모습을 보고는, 주걱으로 여러 종류의 아이스크림을 퍼 담아 아이스크림 산을 만들어놓고 재미있어하는 식이다.

스캣의 전문가들도 자기 앞에 과업이 주어졌을 때 처음과 끝을 철저하게 예측하고 시작하는 계획 지향적인 사람이 아니다. 일단 착수한 후 진행결과를 봐서 다음 해결방법을 모색하는 행동학습 behavioral learning 적 인물이다. 과업의 진행 과정 자체가 스캣의 연속이라는 의미다.

《좋은 기업을 넘어 위대한 기업으로 Good To Great》와 《성공한 기업들의 여덟 가지 습관 Built To Last》의 저자 짐 콜린스 Jim Collins 는 세계에서 가장 영향력 있는 경영 사상가로 손꼽히고 있다. 밀리언셀러 작가인 그 역시 자타공인 '호기심 많은 조지' 중 한 명이다.

미국 콜로라도 주 볼더에 있는 그의 연구소 입구에는 '침팬지의 일터 Chimpswork'라는 간판이 걸려 있다. 연구소의 회의실 소파 위에는 '호기심 많은 조지' 캐릭터 인형이 떡하니 앉아 있는데 콜린스의 삶에서 호기심이 무엇인지를 직설적으로 말해주고 있다.

짐 콜린스의 밀리언셀러들은 그의 에너지로 가득 차 있다. 애플의 스티브 잡스 Steve Jobs 와 제너럴 일렉트릭 GE 의 제프리 이멜트 Jeffrey Immelt 같은 최고의 CEO들이 당면한 문제의 해결책을 얻고자 그를 찾았던 것도 그가 '예술적인 호기심'으로 가득

짐 콜린스

찬 인물이었기 때문이다. 짐 콜린스의 창의성은 그의 생활 속에 단단히 뿌리를 내린 호기심의 산물이다.

　호기심은 원래 가지고 있는 지식과 경험을 바탕으로 새로운 사물과 맞닥뜨렸을 때 느끼는 탐구욕을 말한다. 여기서 탐구욕은 그저 알고 싶어하는 욕구일 뿐 실제 탐구행동으로 이어지지 않는다면 별 의미가 없다. 새로운 사물에 대한 지식으로 이어지지 않기 때문이다. 호기심이 많지 않으면서 동시에 창의적인 사람은 있을 수 없다. 호기심이야말로 오늘날 인류 문명을 이룩한 엔진이 아닐까. 아이작 뉴턴은 만유인력의 법칙과 미·적분학 등 현대 과학의 초석을 놓은 위대한 물리학자다. 뉴턴도 자신을 '지식의 바닷가에서 예쁜 조개나 매끄러운 자갈을 찾아 헤매는 호기심 많은 소년'으로 표현한 바 있다.

　이처럼 창의적인 스캣을 잘하는 사람일수록 강한 호기심의 소유자일 확률이 높다. 창의성이란 이미 알고 있는 것을 새로운 사물에 어떻게 적용하는지 생각해내는 것이며, 호기심은 새로운 지식과 경험을 쌓을 수 있도록 유도하는 욕구이기 때문이다. 또한 호기심 많은 사람은 예측치 못한 새로운 환경과 사물을 만났을 때 조심스러워하고 두려워하는 대신, '호기심 많은 원숭이 조지'처럼 그것을 신나고 재미난 놀잇감으로 생각한다. 그러므로 창의적인 스캣은 호기심과 밀접한 관련이 있다.

▍브리꼴라주, 임기응변의 천재 맥가이버처럼

1949년 미국 몬태나 주 맨 협곡Mann Gulch에서 발생한 산불로 열세 명의 소방관이 사망하는 참사가 있었다. 미국의 소방관 훈련과 화재진압팀 조직운영에 일대 파문을 던진 이 사건은, 8월 4일 낙뢰에 의한 산불이 산림 감시인에게 발견되면서 시작되었다.

　다음 날, 와그너 다지 팀장이 이끄는 열여섯 명의 진압팀이

미국 몬타나 주 맨 협곡 재난 현장

항공편으로 공수되었다. 이들은 늘 하던 대로 장비를 챙겨 들고 협곡 북면의 무성한 풀밭을 통해 화재현장으로 접근했다. 그러던 중, 높이 9미터가 넘는 화염이 협곡으로부터 엄청나게 빠른 속도로 다가오기 시작했다. 대피하기가 불가능하다고 판단한 다지 팀장은 공포에 질린 팀원들에게 소리쳤다.

"주변의 풀밭을 태우고 그 자리에 엎드려!"

그것은 초원에 사는 인디언들이 쓰는 방법으로, 발화요소의 하나인 가연물질을 제거함으로써 불길을 피하는 '피난방화 escape fire' 대피법이었다.

그 긴박했던 순간, 경험 많은 나무꾼 출신인 다지 팀장은 인디언들 사이에 전해져 내려오던 전통적인 방법을 떠올린 것이다. 그러나 훈련받은 절차와 관례에 얽매였던 팀원들은 팀장의 명령을 따르지 않았다. 대부분 장비를 버린 채 뿔뿔이 흩어져 산등성이 쪽으로 달아나기 시작했다.

풀밭을 태운 재 위에 엎드려 있던 다지 팀장은 극적으로 살아났다. 저녁 늦게 그가 구조대와 함께 현장에 도착했을 때는 이미 열세 명의 팀원이 화를 입은 뒤였다.

뜻밖의 인명피해가 발생하며 숱한 화제를 모았던 이 사건은, 또한 '조직의 위기 대응'에 관한 각계 연구자들의 비상한 관심을 불러일으켰다.[18]

맨 협곡 재난 사건에서 제기되는 문제는 크게 두 가지다.

첫째, 위기 상황에서 진압팀이 와해되고만 이유는 무엇이었는가?

둘째, 생명이 위협받는 위기 상황에서 팀원들은 훈련받은 절차와 관례 외에 다른 창의적인 방법은 궁리조차 못했다. 이들의 교육·훈련 과정에 어떤 문제가 있는 것인가?

바로 이 두 번째 문제는, 효과적인 스캣과 이를 촉발하는 '브리꼴라주 bricolage'에 관련된 것이기도 하다. 불길이 다가오는 순간, 팀원들은 다지 팀장의 말을 따라 '피난방화'를 실행하거나 아니면 살 수 있는 다른 방법을 스스로 찾아야 했다.

브리꼴라주는 '손에 닿는 대로 아무 재료나 이용해서 작품을 만드는 기법 혹은 그렇게 해서 만든 작품'을 의미하는 미술 용어다. 이를 확대해서 해석하면, '무엇이든지 당장 사용할 수 있는 것들을 가지고 일이 되도록 하는 것 making do with available resources' 혹은 '새로운 문제를 해결하거나 기회를 활용하기 위해 당장 사용할 수 있는 자원들을 통합해서 일이 되도록 하는 것'[19]이라고 풀이할 수 있다.

브리꼴라주는 현재 처한 상황의 한계를 인식하고, 스캣에 의해 필요한 자원을 확보하거나 아이디어를 창출하는 행위다. 더불어 이는 스캣 능력을 평가하는 기준으로도 사용된다.[20]

영화 〈피닉스〉의 이야기가 브리꼴라주의 전형적인 사례다. 고비사막에서 추락한 비행기, 위기 속 생존자들은 부서진 부품들로 우스꽝스러운 비행기를 만들어 하늘로 날아올랐다.

브리꼴라주를 잘하는 사람을 브리꼴루어 tricoleur라고 부른다. 밤늦게 남편 친구들이 들이닥쳤을 때 냉장고에 있는 먹고 남은 음식만으로 맛있는 술안주를 만들어 내놓는 주부도, 여기저기 굴러다니는 나무토막들만으로 그럴듯한 가구를 뚝딱 만들어내는 시골 목수도 모두 브리꼴루어다. 한때 폭발적인 인기를 모았던 텔레비전 드라마 〈맥가이버〉를 아는 사람이 많을 것이다. 작은 주머니칼 하나와 주변의 여러 잡동사니를 이용해 위기의 순간을 척척 해결해나가는 임기응변의 천재 맥가이버 역시 전형적인 브리꼴루어다.

맨 협곡 재난 때 홀로 화마를 이겨내었던 다지 팀장도 분명한 브리꼴루어였다. 팀원 중에서 소방관 경력이 가장 많았던 그는 화재진압에 관하여 적어도 두 가지 원칙을 명확히 알고 있었다. 첫째는 화재의 세 요소인 산소, 가연물질, 발화점 중 어느 하나의 조건이라도 만족하지 않으면 화재가 발생하지 않는다는 사실이다. 둘째는 불길이 자신을 따라잡을 수 있는 장소까지 번지지 않도록 해야 한다는 것이다. 불길이 다가오는 긴박한 순간, 그는 이 두 가지 조건을 동시에 충족하는 생존법으로 '피난 방화'를 생각해냈다.

앞서 밝혔지만 창의성이란 '지금 생각하는 것을 뛰어넘기 위해서 내가 이미 알고 있는 것을 어떻게 활용할까 궁리하는 것'이다. 다지 팀장이 활용한 지식은 팀원들 역시 당연히 알고 있었다. 그러나 그들은 다지 팀장처럼 지식들을 활용하여 스스로 살 수 있는 창의적인 방법을 떠올리지 못했다. 훈련받은 절차와 방법에 얽매인 나머지 무작정 불을 피해 달아나기만 했다. 훈련받은 방법이 통하지 않는 상황임에도 말이다.

중소기업은 대기업에 비해 자금이나 인력 등 경영자원 확보에 어려움이 많다. 다시 오기 어려운 기회를 잡았지만 그 기회를 살릴 자금이 없어 눈물을 머금고 포기해야만 하는 상황을, 대다수의 중소기업이 경험했을 것이다. 기업의 사활이 달린 프로젝트도 뒷받침해줄 여력이 없어 끝내 비극적인 운명을 맞아야 했던 사례들도 얼마든지 있다. 이런 상황이라면 브리꼴라주를 대안으로 삼을 수 있다.[21]

전자제품 수리업을 하는 짐 로스코. 전자기기들의 디지털화가 진행되면서 전자제품 수리업 자체가 급격히 사양화하는 상황이었지만 대책을 마련할 여력도 없어서 그저 손을 놓고 지내고 있었다. 그가 가진 것이라고는 이미 생산이 중단된 TV 브라운관 부품과 테스트기기, 그 밖의 잡다한 전자부품 따위들뿐이었다.

그즈음 기막힌 기회의 손길이 그의 어깨를 두드렸다. 회사에서 몇 마일 떨어진 곳에 탄광촌이 있는데, 탄광에서 동력선으로 사용하는 지하 고압케이블들이 점차 노후화되어 수리가 필요하다는 것이다. 그는 간단한 설계 끝에 작업장에 굴러다니는 부품들을 주워 모아 테스트기를 제작했다. 겉보기에는 엉성했지만 케이블을 옮기거나 절단할 필요 없이 간단하고 안전하게 손상부위를 진단할 수 있는 기기였다. 입소문이 나면서 테스트기는 탄광뿐 아니라 고압케이블을 사용하는 많은 업체들에게 팔려나가기 시작했다. 짐 로스코는 테스트기 제작업자로 성공적인 업종 전환을 할 수 있었다.

제이슨 본드는 이제 갓 시작한 무선통신회사의 요금정산 담당자였다. 기존의 막강한 경쟁자들과 경쟁하고 살아남기 위해서는 보다 혁신적인 요금 제도를 개발해야 했다. 갈수록 요금정산 업무가 복잡해졌는데, 회사에서 운용하던 기존의 컴퓨터 프로그램으로는 업무처리가 불가능할 정도였다. 외부 업체에 새로운 프로그램 개발을 주문하거나, 기존의 프로그램으로 처리하지 못하는 업무를 직원들이 직접 해내야 했다. 그렇지만 여력이 없는 신생업체로서는 어느 대안도 마땅치 않았다.

이때 제이슨 본드가 온갖 시행착오를 거치며 새로운 프로그램을 개발해낸다. 기존 프로그램과 회사 내부에서 만들어 사용하던 스프레드시트 기반 회계 시스템을 통합한 것이다. 전문 업체가 제대로 개발한 프로그램처럼 완벽하지는 않았지만, 나름대로 쓸 만하다는 평이었다. 덕분에 회사는 이 프로그램을 무려 2년간이나 유용하게 사용하며 거액의 투자비를 아낄 수 있었다.

기업에 기회나 위기가 닥쳤을 때 이에 도전하는 방법으로는 세 가지가 있다. 첫째, 외부로부터 필요한 자금이나 인력을 확보하여 대응하는 방법. 둘째, 도전을 포기하고 현상 그대로 가거나 다운사이징 또는 나아가 조직을 해체하는 방법. 마지막으로 셋째, 모든 조건을 완벽하게 충족시키지 못하더라도 기업 내에 당장 활용 가능한 모든 자원을 몰아서 대응하는 브리꼴라주.

앞의 사례들에서 볼 수 있듯이 세 번째 방법이야말로 중소기업들에게는 가장 현실적이고 적합한 방법일 것이다.

스캣의 일곱 가지 습관

1. 참신한 아이디어로 바꾸고 또 바꿔라

뮤지컬 〈웨스트사이드 스토리Westside Story〉는 1957년 미국 브로드웨이에서 초연된 이래 734회 공연이라는 장기 흥행 기록을 세웠으며 영화로도 제작되어 11개 부문의 아카데미상을 수상했다. 잘 알려진 것처럼 셰익스피어의 비극 〈로미오와 줄리엣〉을 모티브로 장소와 시대, 등장인물의 이름 등 극 중 구성요소들을 바꾼 작품이다. 현대무용가 제롬 로빈스의 안무와 뉴욕 필하모닉 오케스트라의 명지휘자이자 작곡가 레너드 번스타인의 음악이 어우러져 최고의 작품이 되었다. 〈웨스트사이드 스토리〉의 성공은 우리에게 익숙한 접근 방법이나 구성

요소, 재료 혹은 겉모습만을 살짝 바꾸어도 상상을 초월하는 결과를 만들 수 있음을 보여주는 대표적인 사례다.

또 하나의 사례로 암앤해머 Arm & Hammer 를 들 수 있다. 150년 이상의 전통을 자랑하는 베이킹소다 메이커다. 이 회사는 빵과 과자를 직접 만들어 먹던 1970년대에는 호황을 누렸지만 점점 핵가족화하면서 인스턴트 식품이 대세가 되자 절체절명의 위기를 만났다. 이때 암앤해머는 정면으로 위기를 타개한다. 빵과 과자의 반죽을 부풀게 하는 베이킹소다의 용도를 냉장고 탈취제, 겨드랑이 탈취제 그리고 치약의 한 성분으로 바꾸며 판로를 다변화한 것이다. 결과는 대성공이었고, 암앤해머는 오랜 전통의 글로벌기업으로 성장할 수 있었다.

이처럼 제품의 용도를 바꾸어 수억 달러짜리 산업으로 성장시킬 만한 무엇이, 혹시 우리 주변에도 있지 않을까? 비교적 쉽게 볼 수 있는 것으로 마스크가 있다. 원래 마스크는 의료기관이나 연구기관 또는 감기 등 호흡기 환자를 위해 제작되었으며 주로 약국에서 판매되었다. 그런데 지금은 슈퍼마켓 어디를 가도 형형색색의 마스크를 볼 수 있다. 그것도 초미세 먼지를 막을 수 있도록 소재나 기능을 다양화해서 말이다. 해마다 강도를 더해가는 황사 탓에 생긴 변화다. 상황이 바뀜에 따라 제품의 용도를 바꾸고 대상 고객을 바꾼 효과라 하겠다.

그 외에도 많은 사례가 있다. 미국 어도비 시스템즈의 포토샵은 디자인 전문가들을 위해서 개발되었다. 그러나 현재는 일반인들까지 시장이 확대되며 세계적으로 폭넓은 사용자층을 확보한 대표적 소프트웨어가 되었다. 카시오의 시계 브랜드 지샥G-shock이 처음 시장에 나왔을 때, 이 상품은 기존의 카시오 시계를 취급하던 가전제품 매장에서 판매되었다. 그러다가 젊은 층들이 모이는 생활 잡화 전문점으로 매장을 확대한 후, 그 세대 소비자들 사이에서 폭발적인 인기를 얻게 되었다. 자신감을 얻은 카시오는 최근 고급 제품 출시에 맞춰 백화점 시계 매장으로 판매 경로를 확대하려는 계획을 세웠다. 유통 경로를 바꿔 성공한 사례다.

뭔가 참신한 아이디어가 떠오르지 않는가? 아이디어든 제품이든 가지고 있는 것의 모양과 구성요소, 용도를 바꿔보자. 당장에 성공작을 내지는 못하더라도 발상의 전환을 위한 충분한 효과를 얻을 수 있을 것이다.

2. 입장 바꿔 생각하라

안산시청에 근무하는 공무원 유구현 씨는 역지사지의 달인으로 유명한 인물이다.[22] 공무원이 아니라 주민의 입장에서 수많은 행정 아이디어를 쏟아내 아이디어맨으로 통한다.

그는 연간 10억 원 이상의 예산절감을 가져온 '쓰레기 규격 봉투 실명제' 개선안을 낸 주인공이기도 한데, 거기에 이르기까지 이루 말할 수 없는 고생을 했다. 그는 쓰레기 처리 실태를 파악하기 위해 3개월 동안 환경미화원과 함께 했다. 매일 새벽 쓰레기를 수거하여 청소차에 싣고 김포매립지까지 갔으며, 그곳에서 분리 작업까지 거들었다. 심하게 악취를 풍기는 쓰레기를 분리하면서 쓰레기 처리 행정의 비효율성과 예산이 얼마나 낭비되고 있는지를 몸소 깨달았고, 그 경험이 결국 '쓰레기 규격봉투 실명제'를 탄생시켰다.

이 외에도 재사용이 가능한 관리자 명패를 제작하고, 시청 정문 담장을 철거하여 휴식 공간으로 조성했으며, 깃발꽂이를 개선하는 등 상사들에게 핀잔을 받을 정도로 많은 개선 아이디어를 봇물처럼 쏟아냈다. 유구현 씨가 소개하는 아이디어 개발법은 간단하다. '입장을 바꿔' 직접 경험해보면 불합리한 것이 보이고, 현장에서 그것을 개선하는 방법을 생각하면 쉽게 떠오른다는 것이다.

또한 경남 창원시는 공무원 친절 교육의 하나로 '역지사지' 대회를 열어 눈길을 끌었다.[23]

공무원이 민원인의 입장이 되어 시청을 찾아와, 불친절한 공무원들의 응대를 접하는 사례를 소개하는 일종의 역할극 경연대회였다. 공무원 스스로 불친절한 행동을 인식하고 개선방법을 생각해보자는 취지로 이 같은 대회를 마련했다고 한다.

이들이 현장에서 활용하고 있듯이 역지사지란 새로운 아이디어의 탄생을 위한 쉽고도 효과적인 방법이다.

3. HAT형 기술을 키워라

어떠한 단어나 주제가 던져지면 이를 빨리, 상황에 맞게 '엮어가는 사람들'이 있다. 단어나 주제 등을 주어진 상황에 맞게 재구성하고 재미있는 이야깃거리를 잘 만들어내는 재담꾼들 말이다.

대인관계를 원만하게 해주는 대화의 세련된 기교이자 요즘 유행하는 지식의 융·복합과도 잘 어울리는 기술이다. 이 기술의 핵심은 H, A, T의 알파벳 모양으로 표현할 수 있다. HAT 기술은 그 자체로 지식이며 문제해결을 위한 사고의 한 방법이다. 평소 훈련된 정도에 따라 긴박한 상황에서 창의적 아이디어를 낼 수 있는 역량이기도 하다.

창의성이나 혁신적인 아이디어는 서로 다른 분야의 지식이 상호작용할 때 더욱 활발히 나타난다. 이는 지식경영과 복잡계 이론 등 여러 학문 분야에서 이미 검증된 이론이다. 서로 다른 아이디어 간의 갈등, 다시 말해 '창조적 마찰creative

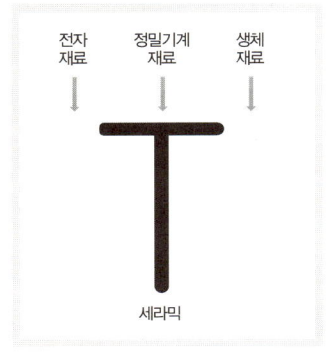

T형 기술

abrasion'[24]은 신기술 개발 혹은 신제품 개발 성과를 증진시키는 요소이다.

그런데 이 창조적 마찰은 창의적인 결과를 낳을 수도 있고 반대로 파괴적인 결과를 낳을 수도 있다. 그것은 시너지를 이끌어내는 전문가들의 대화 능력에 달려 있다. 이 대화 능력은 일반적인 대인관계 기술을 넘어 또 다른 지적 기술을 요구하는데 이것이 바로 T형 기술이다.

T형 기술을 가진 사람은 자기 전공분야에 전문적인 지식을 가지고 있을 뿐만 아니라 그 지식과 타 분야와의 관련성에 대해서도 잘 알고 있다.[25]

누군가 세라믹 제조에 관해 깊은 지식을 가지고 있다면, 이는 알파벳 T의 수직기둥에 해당한다. 그런데 그 기술자가 세라믹 제조 기술과 인공 치아, 인공 뼈, 효소반응 운반체 등 생체재료가 어떻게 연관되어 있는지를 잘 알고 있다면 그는 알파벳 T의 수평막대기도 가지고 있다고 할 수 있다.

T형 기술을 가진 이들은 혁신적인 신제품 아이디어를 만들

어내는 등 스캣의 준비가 확실히 되어 있는 사람들이다. 고객과의 협상에서 예측하지 못했던 변수가 등장해도 서로가 만족할 수 있는 결론을 순발력 있게 유도하는 등 급변하는 환경에 쉽게 적응한다. '하나만 알고 둘은 모른다'는 말이 있는데 T형 기술을 가진 사람들은 '둘을 아는' 존재들이다. 조직 내 잠재된 지식을 표면으로 이끌어내는 데 효율적이고 효과적인 역할을 할 수 있는 인재들인 것이다.[26]

A형 기술은 A의 두 다리가 한 개의 꼭짓점에 모이는 형태처럼, 두 가지 (또는 그 이상) 분야의 전문지식을 하나로 통합할 수 있는 능력이다. 요즘 국가적으로 많이 논의되고 있는 기술의 융·복합이 바로 이것이다.

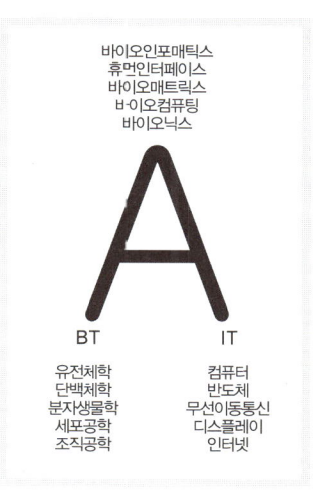

A형 기술

제품의 개인화와 다양화, 급격한 소비자의 욕구 변화로 특징지어지는 최근의 경영환경에서 동시다발적인 제품혁신과 개발기간의 단축은 필수적인 전략이다. 제품이 경쟁력을 가지려면 기능의 복합과 변형이 쉬운 융·복합 기술이 충분히 녹아들어 있어야 한다.

　기술수명 주기가 급격히 단축되는 요즘 추세도 융·복합 기술의 경쟁력에 큰 영향을 주고 있다. 기존 기술의 파괴적 혁신은 진공관에서 트랜지스터, 반도체로의 진화를 가리켰다. 이에 비해 하이브리드 기술은 시장 주도적이다. 제품의 테마를 먼저 생각한 후 이를 구현하기 위해 기존 기술의 융합과 복합을 꾀한다. 그러니 생산성 면에서 연구·개발의 시간과 비용이 훨씬 적게 들 수밖에 없다.

　예측할 수 없을 만큼 빠르게 움직이는 기술 변화 추세에 신속하게 대응하려면 기존 기술의 융·복합을 반드시 고려해야만 하는 세상이다. 기존의 R&D(Research & Development)에 대응하는 방식으로 S&D(Search & Development)를 고민해야 한다. 다시 말해 '새로운 기술의 개발이 신제품 개발로 이어지는 방식'에서 '제품 아이디어를 구현할 수 있는 기존 기술의 탐색이 신제품 개발로 이어지는 방식'이다. S&D를 위해서는 신제품 개발팀의 A형 기술이 필수적이다. 따라서 개발팀을 이끄는 사람들에게 더욱 요구되는 기술이다.

　디지털 컨버전스라는 유행어까지 만들어낸 IT 융합은 현재 정부 차원에서 강력하게 추진되는 대표적인 A형 기술이다. 이 기술은 이제 예술 분야에까지 확대되고 있다. 최근 사비나 미술관에서는 전시된 작품마다 QR 코드를 부착했다. 관객들로 하여금 스마트폰을 이용해 작품에 대한 자세한 설명을 접할 수 있도록 한 것이다. 미술과 SNS의 결합이다. 이러한 방식은 경매나 화랑 등 전통성 강한 미술 시장을 순식간에 바꿔놓을 것으로 예견되고 있다.

H형 기술

지금 시대에서는 재빠르게 적응하여 앞서가는 아이디어를 내놓지 못하면 도태될 수밖에 없다. 기술과 예술, 과학과 아이디어가 무작위로 융합하여 무엇이 어디로 튈지 도무지 예측이 안 되는 시대다. 사회 구성원 누구나 융합이란 새로운 문화의 흐름을 따라갈 수밖에 없는 현실이기도 하다.

다음은 H형 기술이다. H형 기술 지능형 로봇은 차세대 성장 동력 산업으로 우리나라를 비롯한 선진국들이 과학기술의 자존심을 걸고 치열하게 다투고 있는 분야다. 그런데 로봇이라는 단어와 개념을 만들어낸 사람이 과학자가 아닌 체코의 극작가 카렐 차페크 Karel Ĉapek라는 사실은 잘 알려져 있지 않은 것 같다. 1920년에 발표된 그의 작품《로숨의 유니버설 로봇

Rossum's Universal Robots》에서 처음으로 로봇이라는 용어가 쓰였다. 차페크는 체코어의 '로보타'에서 글자를 따서 로봇이란 단어를 만들었는데, 로보타란 '강제노동'이라는 뜻이라고 한다. 로봇공학의 3원칙Three Laws of Robotics[27] 역시 미국 작가 아이작 아시모프Issac Asimov의 1942년 작 단편《런어라운드Runaround》에서 제안된 로봇의 작동 원리다. 로봇의 발전은 이처럼 과학 산업이 아니라 문학적 상상력에 힘입은 바 크다.

H형 기술은 한 분야의 지식과 관련된 응용분야에 대한 이해(세라믹과 전자재료 혹은 생체재료)를 강조하는 T형 기술과 다르다. 같은 영역 안에서 두 가지 다른 분야 지식의 통합(IT기술+섬유기술=스마트섬유)을 강조하는 A형 기술과도 다르다. H형 기술

아이패드 출시 발표를 하는 스티브 잡스

은 통합이 불가능한 전혀 다른 영역의 지식(문학과 과학 기술)으로부터 상상력과 직관, 통찰을 얻어내는 방식을 의미한다.

시리아 혈통의 입양아, 비행 청소년, 대학 중퇴자, 히말라야를 떠도는 선禪 수행자, 채식주의자, 독불장군 등 독특한 개성과 이력을 가진 역사상 가장 창의적인 경영자 스티브 잡스. 컴퓨터라는 기계 덩어리에 인간의 숨결과 꿈을 불어넣은 잡스는 창의적인 만큼 몽상가라는 비난도 많이 받은 사람이다. 그 때문에 자신이 창업한 애플에서 쫓겨나기도 했다. 2010년 1월 27일, 컴퓨터 세상의 지평을 바꿀 아이패드를 처음 선보이는 발표회에서 그는 다음과 같이 의미심장한 말을 했다.

> "아이패드가 만들어진 것은 애플이 기술과 인문학의 갈림길에서 늘 고민해왔기 때문입니다. 사람들은 새로운 기술을 따라잡으려 애쓰곤 합니다. 그러나 사실은, 기술이 사람을 찾아와야 하는 것입니다. 이것은 기술과 과학의 영역을 넘어선 예술품입니다."

기술은 기술 자체로 존재하는 게 아니다. 사람들이 이용하기 쉽고 재미있는 인문학이어야 한다. '상상력과 직관을 통해 원래 좋은 물건을 훨씬 더 좋게 보이도록' 만드는 스티브 잡스의 기술철학은 그가 가진 독특한 이력에 힘입은 바가 크다. 예컨대 스티브 잡스는 철학을 공부했으며, 한 학기 만에 중퇴하기는 했지만 18개월 동안 대학에 머물면서 여러 강좌를 들었고, 특히 캘리그래피(서체를 디자인하는 시각디자인의 한 분야) 수업을 주의 깊게 들었다. 이런 경험은 훗날 그래픽 사용자 인터페이스Graphic User Interface: GUI를 개발하면서 수려한 글자체를 만들어내는 데 큰 도움이 되었다.

인간의 과거와 현재 그리고 미래를 성찰하는 학문인 인문학이 아이패드와 같은 혁신적인 제품의 개발 단계에 영감을 주었다는 것, 이는 인문학 위기를 맞고 있는 우리에게도 시사하는 바가 매우 크다. 산업의 지도를 바꿀 정도의 파괴적인 혁신은 오직 상상력과 직관, 통찰에서 나온다는 사실이다.

중대하고 긴박한 위기나 기회의 순간에 사람의 상상력과 직관력, 통찰력은 극히 중요한 기능이 된다. 현재 '인문학적 상상력'이란 말로 상징화된 H형 기술은 극한의 첨단을 추구하는 신기술 산업에서 새로운 리딩엣지가 될 것이다.

스티브 잡스가 뛰어난 것은 바로 이 점을 확실하게 보여주었기 때문이다. 늘 긴박한 상황에서 가슴을 죄며 사활을 걸고 승부를 벌이는 CEO와 기술개발자들에게, 그는 언제나 남다른 통찰을 보여주었다. 2006년 췌장암에 걸려 시한부 생명임을 선고받았을 때 스티브 잡스는 이렇게 말했다.

"사망 선고는 외부의 기대, 자부심, 실패에 대한 두려움 등을 사라지게 했습니다. 내 인생에서 진정으로 중요한 것을 그때 깨달았습니다. 당신이 유한한 존재라는 걸 잊지 마세요. 무엇인가 잃을지 모른다는 두려움은 곧 사라지고, 당신이 진정 원하는 바를 따르게 됩니다."

4. 재미가 창의성을 높인다

사우스웨스트 항공사는 직원들이 재미있게 일할 수 있는 분위기를 만들어 창의성과 생산성을 높이고 있는 대표적인 기업이다. "담배를 피우실 분은 밖으로 나가 날개 위에서 마음껏 피워주세요"라는 기내방송 유머는 특히 유명하다.[28]

대한전선은 2010년 재무구조 개선 약정을 하면서 직원들의 사기가 떨어지고 회사 분위기가 침체되자 '해피바이러스 특공대'라는 이색적인 조직을 도입한다. 조직의 활력을 되살리고 직원들이 일에 재미를 느끼게 해 생산성을 높이겠다는 취지였다. 이들이 고안해낸 아이디어 중 '점심파트너 릴레이'라는 게 있다. 평사원이 타 부서의 간부사원을 점심파트너로 지명해 식사를 나누고, 그 간부사원은 다음 주에 타 부서의 평사원을 지명하여 점심을 함께하는 방식이다. 이 결과 부서와 직급 간 의사소통이 원활해져 사원들의 조직 애착이 높아졌다는 긍정적인 평가가 나왔다.

목표의 달성을 통해 얻을 수 있는 만족감과 달리 '재미'는 활동 자체를 즐길 때 얻어지는 가치다. 많은 동호 인구를 가진 마라톤과 사이클, 조기축구 등은 기록을 목표로 하는 것이 아니라 활동 자체를 즐기는 운동이다. 재미있고 즐거우니 누가 시키지 않아도 열심히 달리고 페달을 밟고 공을 찬다. 이처럼 재미는 놀이로부터 얻어지는 긍정적인 심리 에너지다.

현대 사회에서 일과 놀이를 명확히 구분하는 것은 점점 어려워지고 (동시에 무의미해지고) 있다. 누군가에게 요리는 취미생

그림 3-5 이제석 씨 작품 〈탈의 중〉

활이지만 누군가에는 직업상의 노동이다. 피아니스트를 꿈꾸며 하루 일곱 시간씩 연습에 몰두하던 사람이 결국 진로를 바꾸고 한참 뒤에야 피아노를 진정으로 즐기게 되었다는 이야기도 있다. 여기서 흥미로운 것은 일을 재미있게 즐길 때 창의성이 더욱 높아진다는 사실이다. 그림 3-5는 광화문 광장의 이순신 장군 동상을 보수할 때 그 자리에 세워진 살풍경한 차단막을 덧입힌 것이다. '광고 천재'라는 평을 받고 있는 이제석 씨의 아이디어가 돋보이는 작품이다.

스캣으로부터 재미를 얻으려면 이에 집중하고 몰입할 줄 알아야 한다. 뒤집어 말해 '뭔가에 충분히 몰입했다면 그것이 충분히 재미있다'는 의미다. 영화를 보는 동안 영화 외에는 아무 생각도 할 수 없었다면, 어떤 종류가 되었든 성공한 영화라고 할 수 있을 것이다.

스캣을 통해서 얻을 수 있는 재미가 있다면, 어떤 상황에 몰입해서 여태 겪어보지 못한 새로운 것을 배우는 재미일 것이다.[29] 짧은 시간 푹 빠져 집중하는 상태. 이 시간을 즐기는 동안 창의성은 매우 높아진다.

5. 실패 확률이 70퍼센트면 대성공

실패 확률에 대한 감을 잡기 위해 야구 이야길 해볼까 한다.

현역 시절 '방망이를 거꾸로 잡아도 3할은 친다'던 '양신' 양준혁 선수의 통산타율은 3할 1푼 8리였다. 메이저리그에서 최고의 연봉을 받고 있는 뉴욕양키즈 알렉스 로드리게스Alex Rodriguez의 통산타율 역시 3할 5리 정도다. 메이저리그에서 명예의 전당에 이름을 올리는 대부분 타자도 통산타율 3할 내외에 머물러 있다. 수치로만 해석하자면 '타석에서 안타를 때려내지 못할 확률이 훨씬 높'다.

이번엔 축구를 보자. 전·후반 90분 동안 '골을 넣기 위해서' 뛰어다니는 경기다. 현란한 드리블도, 상대 수비수의 허를 찌르는 킬 패스도, 감독의 전략도, 때로 비신사적인 파울까지도, 모두 골대 안에 골을 차 넣고 승리하기 위해 벌어지는 전술들이다. 그럼에도 경기를 뛸 때 골을 넣는 선수보다는 그렇지 못한 선수가 훨씬 많다.

일상생활에서 또는 업무상으로, 새로운 아이디어 열 개를 내놓고 세 개를 적중시키는 일은 야구선수로 이름을 날리는 일만큼 어렵다. 주어진 시간 내내 아이디어를 '골인' 시키려고 뛰어도 결국 목적을 이루지 못할 때가 많다.

이게 과연 성공할지, 소위 말해 먹힐지, 그 가능성을 걱정하며 망설이는가?

실패에 뒤따르는 체면과 모양새를 염려하는가?

양준혁 선수

그러다 적절한 시기를 놓친 적은 없는가?

성공하는 아이디어는, 그것이 탄생하기 전까지는 형태나 규격이 따로 없다. 머릿속에 뭔가 있다면 일단 내놓아야 한다. 실패를 걱정할 필요가 없다. 슛할 때마다 골이 들어가지 않는다고 괴로워하는 축구선수는 세상 어디에도 없다. 10할의 완벽한 타자이기를 진지하게 꿈꾸는 야구선수도 없다. 실전의 냉혹한 현실을 파악하고 그럼에도 최선을 다해 노력하는 운동선수들의 지혜를 배울 필요가 있다.

결과에 대한 염려는 스캣의 가장 큰 걸림돌이다. 70퍼센트의 실패확률을 가진 3할 타자만 되어도 대성공이다.

6. 규칙과 고정관념에 도전하라

프랑스의 개념주의 미술가 베르나르 브네Bernar Venet는 전통의 틀을 벗어난 독특한 작품세계로 유명한 인물이다. 브네는 초기 작품 〈타르 회화〉(1961)에서 중력에 의해 타르가 위에서 아래로 흘러내리며 굳어진 모습을 작품화했으며, 〈석탄더미〉(1963)에서는 그저 석탄을 가져다 돌무덤처럼 쌓아놓기만 한 것으로 주목을 받았다. 기존의 조각에 대한 상식을 완전히 거부한 그는 또한 〈비결정적인 선 Indeterminate Line〉을 통해 철제 조형의 전통적 규범에 도전했다. 이는 무거운 소재인 철을 이용해 유연하게 휘갈기듯 드로잉한 대형 조각품이다.

브네의 작품은 우연과 발견이 조합된 결과물로서, 어떤 원칙이나 경계도 없이 무한히 확장되고 열려 있는 조형세계를 보여주었다. 오랫동안 조형세계를 지배해오던 고정관념을 깨부수는 작업이야말로 브네가 펼쳐 보인 창의성이자, 작가로서의 정체성이었던 것이다

재료와 조리법 등에서 전통적인 관념을 깬 이색 식품들도 적지 않게 등장하고 있다.[30] 기발한 상상력으로 소비자의 이목을 끄는 제품들. 예컨대 참깨로 만든 간장이 출시되면서 간장은 '콩으로 만든 메주' 라는 고정관념을 보기 좋게 깨뜨린 사례가 있다. 참깨 간장은 맛과 향이 뛰어날 뿐 아니라 영양도 풍

베르니르 브네의 〈비결정적인 선〉

부해 호평을 받았다. 또한 아이스 소금 커피는 커피에 설탕 대신 소금을 넣는 기발한 발상으로 특히 젊은 층에서 큰 인기를 모았다.

어느 분야건 기존의 한두 가지 방법만 고집하면 사고가 굳기 마련이다. 늘 새로운 것을 궁리하고 새로운 방식을 추구하며 살아가야 한다. 하다못해 출퇴근 길 하나만 바꿔도 일상에 갇힌 사고체계에 새로운 자극을 불어넣을 수 있다. 일상을 일상으로 받아들이는 습관을 버리자. 우리를 지배하는 오래된 규칙과 고정관념을 하나씩 깨나가는 혁신을 새로운 습관으로 길들이자. 창의력은 우리의 일상 너머에 존재한다. 늘 하던 방식을 멈추고 왔던 길을 거꾸로 돌아보았을 때, 뇌는 자극을 받기 시작한다.

7. 메모, 또 메모하라

역사상 뛰어난 창의적 인물 중에는 메모광이 유난히 많다. 순간적으로 스치는 아이디어를 놓치지 않고 발전시켜 찬란한 금자탑을 이룬 그들의 무기는 메모 습관이었다. 아이작 뉴턴은 대단한 독서광인 동시에 메모광이었다. 빛나는 아이디어가 떠오르거나 잘 이해가 안 되는 문제가 생겼을 때, 뉴턴은 그 내용을 '생각의 샘'이라고 이름 붙인 노트에 빠짐없이 기록하곤 했다. '왜 why'라는 의문사를 열심히 써가면서 말이다.

르네상스 시대의 천재 레오나르도 다빈치 역시 5천 장이 넘는 메모를 남긴 메모광이었으며 발명왕 토머스 에디슨 또한 수백 권의 메모장을 남긴 메모의 달인이었다. 에디슨은 뭔가 흥미로운 것을 보거나 듣거나 떠올리면 항상 주머니에 넣고 다니는 노란 표지의 노트에 그 내용을 기록했다고 한다. 그의 명언 '천재는 1퍼센트의 영감과 99퍼센트의 땀으로 만들어진다'의 실마리를 여기서 발견할 수 있을 것 같다.

스캣에서 메모가 중요한 것은, 메모할 가치가 있는 아이디어 조각들은 순간적으로 떠오르는 만큼 순간적으로 잊히기 쉽

워서다. 잊어버리기 전에 어서 기록을 남겨야 한다. 나중에 아무리 머리를 쥐어짜도 다시는 떠오르지 않을 테니 말이다. 또한 메모는 머릿속에 뒤죽박죽 엉킨 생각들을 체계적으로 정리하는 훈련의 기회를 제공한다. 그래서 긴박한 상황에서 아이디어가 필요할 때, 지체 없이 신속하게 출력할 수 있도록 도와주는 것이다.

▎기개, 열정, 몰입의 에너지

플라톤에 의하면, 사람들이 어떤 일에 몰입하여 열심히 하는 행동의 바탕에는 '티모스thymos'라고 부르는 자아분출의 에너지, 자아정체성을 확립하려는 심리적 에너지가 있다고 한다. 이 에너지는 자존심을 만들며 자존심은 명예욕의 바탕이 된다. 다른 사람에게 인정받고 싶은 욕구, 다른 사람과의 경쟁에서 승리하고 싶은 인간심리의 뿌리 깊은 욕구 말이다. 중요한 것은 이 욕구가 우리 사회를 지탱하는 정의감이나 애국심의 원천이 되기도 한다는 사실이다. 타인의 비도덕적 행동에 대한 분노나 조국을 침략한 외적에 대한 적개심이 바로 이 심리적 에너지에서 나온 것이다.

후쿠야마는 티모스를 '개인의 존엄성과 개인 사이의 경쟁을 동시에 촉진하는 자유민주주의의 기본적인 동력'으로 설명한다. 그는 티모스, 즉 남에게 인정받고 싶은 인간의 욕구에는 두 가지 표현방식이 있다고 했다. 그 한 가지인 동등욕구 isothymia는 남에 비해 '적어도 못하지 않다'는 인정을 받고 싶은 욕망이다. 또 한 가지 우월욕구 megalothymia는 '남보다 낫다'고 인정받으려는 욕망이다. 두 가지 다 일에 대한 열정의 근원이라고 할 수 있다.

티모스는 기氣 또는 기개氣槪라고도 불린다. 전제군주의 폭압에 저항해 프랑스 대혁명을 일으킨 프랑스 민중의 힘 역시 티모스였다. 다시 말해 그들을 지배하는 귀족과 동등함을 주장하는 기개가 바탕이 됐다. 그 밖에도 문명사에서 끊임없는 진보를 이끌어왔던 힘은 남보다 낫다고 인정받고자 노력하는 개인의 기개, 티모스였다.

모범적인 성공 사례를 선보이고 있는 스캣의 전문가들은 열정의 인간, 티모스적 인간, 기가 넘치는 인간들이다. 한 치 앞을 내다볼 수 없는 불확실한 상황에서 신속하게 창의적으로 대응할 수 있는 능력, 또 그렇게 할 수 있는 용기의 에너지는 그들이 과시하고 싶은, 그리고 인정받고 싶어하는 욕구이다. 특히 우월욕구에 기반을 둔 기개, 일에 대한 열정, 그리고 몰입은 스캣을 위한 기본 바탕이다. 당장 내일 아침 일어날 일조차 예측하기 어려울 만큼 바쁜 미국의 중앙 정치판, 한 치 앞을 내다볼 수 없는 불확실한 상황에서 칼 로브가 자기 능력을 마음껏 펼칠 수 있었던 이유는 한 가지, 바로 그가 티모스적 인간이었기 때문이다.

스캣이란 인정받고 싶은 욕구를 동력으로 삼아 달리는 자동차와 같다. 한국 인문학의 석학 이어령 교수 역시 이런 말을 했다.

> "수렵 시대에는 욕망이, 산업화 시대에는 이성이 역사를 움직여갔다. 정보화 시대에는 그 주인공이 이성에서 티모스로 옮겨가고 있다. 미래는 기의 시대이자 신바람의 시대다."[31]

예측하기 어려운 불확실성의 시대, 부가가치 생산의 핵심이 지식창조에 있는 정보화 시대에 티모스와 스캣은 필연적인 인연으로 연결되어 있다. 이러한 환경에서 발휘해야 할 것은 불확실한 미래에 대한 조심성이 아니라 미래를 주도적으로 창조하겠다는 기개다. 순간순간을 압박하는 환경에 창의적으로 대응하는 기개와 신바람이다. 그러므로 인간만이 가진 고귀한 창조 능력은 티모스, 즉 인간만이 가진 심리적 에너지 인정욕구와 떼려야 뗄 수 없는 관계에 있다.

  스캣의 전문가가 되기 위해서는 먼저 스스로의 기를 살리고, 둘째 일에 대한 열정을 가져야 한다. 자신의 분야에서 집념과 인내를 가지고 신바람을 내다 보면 더욱 다양한 경험과 지식을 쌓게 되고, 불확실성에 대한 불안감을 넘어 미래를 주도적으로 이끌 자신감을 갖게 된다. 그리하여 예상치 못했던 긴박한 상황에 창의적으로 대응해나가는 능력을 갖추게 된다.

CHPATER
4

스캣의 세 가지 능력

스캣의
세 가지 능력

회전축을 유지하라

어느 방향으로도 자유롭게 움직일 수 있는 회전축에 가장자리 쪽을 무겁게 한 회전판(팽이)을 단 장치가 자이로스코프Gyroscope다. 회전판을 돌리면 장치를 움직이더라도 회전축의 방향을 그대로 유지한 채 회전을 계속한다. 자이로스코프의 원리를 이용하여 배나 비행기가 처음 출발할 때의 위치를 설정하면, 이후의 진행 방향을 측정할 수 있다. 이처럼 자이로스코프는 회전하는 물체의 역학운동을 이용한 장치이자 위치 측정과 방향 설정 등에 널리 활용되는 기술이다. 현재는 나침반의 일종인 자이로컴퍼스나 배와 비행기의 관성항법장치Inertial Navigation System: INS 등에 널리 쓰이고 있다. 애플의 아이폰4에도 이 개념이 활용되어 사용자들의 눈길을 끌었다.

우리는 가깝게는 가족이나 직장 동료로부터 멀게는 수많은 외부인까지 서로 다양한 관계의 끈을 유지한 채 살아가고 있다. 이 간단치 않은 환경에서 중요한 것은 '나를 잊지 않고 살아가는 일'이다. 현재 자신이 처한 위치와 진행 방향에 대해 정확한 판단이 없다면, 아무리 멋진 목표와 계획이 있다 해도 미래를 보장받을 수가 없다. 그러므로 중요한 것은 '나 자신의 자이로스코프를 잘 간직하고 있느냐' 하는 것일 터이다.

자이로스코프

연극무대에서 배우들은 관객의 반응을 정확하게 포착해서 이어지는 연기에 그대로 반영한다. 관중이 열광하면 그들의 연기는 더욱 뜨거워지고, 관중의 눈물샘을 자극하는 대목에서는 그 감정선을 적절히 건드려 더 강렬한 울림을 준다. 이것이 연기의 즉흥성이다. 즉흥연기를 제대로 하기 위해서는 관중의 반응을 실시간에 정확히 읽어내야 한다. 마찬가지로 일상이라는 무대를 살아가는 우리는 무대 위의 우리 위치와 상황을 실시간으로 정확하게 판단해야 한다. 이 능력이 스캣의 적합성을 결정하는 밑거름이다. 스타니슬랍스키가 제시한 에튀드에서처럼, 무대에서 즉흥연기를 하듯 생활 속의 스캣을 발휘하려면 이처럼 확실한 자이로스코프를 가져야 한다.

기업 같은 거대 조직에서 자이로스코프는 조직 내에 실시간 정보의 흐름real-time information flows을 보장함으로써 제구실을 하게 된다.[1] 실시간 정보의 흐름은 강력한 조정 기능을 통해 조직원들이 스캣을 효과적으로 발휘하도록 도와준다.

조직이 추진하고 계획하는 목표는 다양한 생각과 관점을 가진 조직 구성원의 행동을 하나로 묶어준다. 그런데 목표를 향해 나아가는 도중에 느닷없이 의외의 상황이 벌어졌다고 가정해 보자. 이에 대응하는 매뉴얼이 아예 없고 대응 방안을 찾을 시간적 여유조차 없는 형편이라면 어떻게 할 것인가? 애초에 추진하고 계획했던 목표(의 조정 기능)를 대신할 다른 메커니즘이 반드시 필요할 것이다. 현재 새롭게 발생한 상황에서 조직 구성원의 행동을 조정할 수 있는 즉각적인 정보의 흐름 말이다.

공식적인 전략 계획도 따로 없이, 한 달에 한 건꼴로 신제품을 내놓는 희한한 기업이 있다.[2] 그 조직 내부를 자세히 들여다본 결과 매우 중요한 사실 하나가 밝혀졌다. 그들은 시장 정보에 대해서만큼은 '먹어도 먹어도 성이 차지 않는 엄청난 식욕'의 소유자들이었다. 그들은 정해진 시간도 없이 수시로 모여서 각자 시장에서 얻은 정보를 나누었다. 어떠한 계획도 없는 이 기업을 조정하는 것은 실시간 정보의 흐름이었다. 말하자면 이 기업은, 매일매일 스캣 의사결정을 하는 셈이었다.

실시간 정보의 흐름은 조직 구성원에 대한 조정기능뿐만 아니라 (스캣의 결과에 대한 즉각적인 피드백 덕분에) 구성원들이 학습하는 효과도 있다. 늘 실패의 위험을 안고 있는 스캣은 이를 거듭할수록 보다 효과적으로 진화하기 마련이다. 이와 관련하여 한 연구팀이 주목할 만한 주장을 내놓았다.

> "급변하는 환경에서 실시간 피드백에 의한 반복적인 신제품 개발 사이클은 신제품 성공에 매우 중요한 영향을 미친다."[3]

'조직 자이로스코프'는 기업이 시장이란 무대 위에서 마치 연극배우처럼 소비자와 함께 호흡할 수 있도록 돕는 요긴한 장치다.

시나리오적 사고를 가져라

2002년 한일월드컵 4강의 함성이 아직도 귓가에 생생하다. 당시 폴란드와의 예선 첫 경기에서 터진 황선홍 선수의 첫 번째 골을 모두 기억할 것이다. 현재 K리그 포항스틸러스의 감독으로 활약 중인 그는 당시의 상황을 이렇게 설명했다.

"경기장에 있을 때뿐 아니라 평소에도, 페널티 박스 안에서 순간적인 찬스가 났을 때 어떻게 해야 하는지를 생각해보곤 해요. 이 상황이라면 어떻게 할까, 저 상황이라면 어땠을까. 지난 경기를 녹화했다가 다시 보듯 머릿속으로 그려보는 거지요. 그러다 보면 비슷한 상황이 왔을 때 머뭇거리지 않고 자신 있는 플레이를 할 수 있게 되더군요."[4]

이것이 바로 시나리오적 사고scenario thinking다. 불확실한 미래 상황을 여러 각도에서 여러 가지 시나리오로 가정하고 이에 신속하고 유연하게 대응할 수 있도록 연습하는 것이다. 축구에서 코너킥 등 세트피스, 페널티 박스에서의 밀집된 상황 등 다양한 골 장면을 가정하고 반복해서 연습하듯, 미래의 변화 방향을 시나리오 짜듯 가정하며 적합한 대응 매뉴얼을 만드는 것이 그 핵심이다. 다양하게 만들어진 시나리오를 통해 경영자나 의사결정자는 미래에 일어날 수 있는 상황 속 기회와 위협의 영역에 관한 정신적 지도mental map를 얻을 수 있다. 프로 바둑기사라면 자신의 착점에 상대가 어떻게 응수할지를 다양한 시나리오로 읽은 다음 자신에게 가장 유리한 형세가 펼쳐지도록 최종 착점을 결정한다. 바둑기사의 실력을 가늠하는 잣대인 '수 읽기' 역시 이 같은 시나리오적 사고의 일종이다.

기업체가 즐겨 활용하는 것으로 시나리오 플래닝scenario planning이라는 것이 있다. 제2차 세계대전 당시 작전 계획 수립 방법으로 처음 등장하였는데 1960년대에 이르러 미래학자 허먼 칸Herman Kahn에 의해 기업이 전략 계획을 수립하는 데 응용되기 시작했다.

세계적인 정유회사 쉘Shell은 1970년대 오일쇼크 당시 고유가에 대비한 시나리오 플래닝을 통해 다른 경쟁사들보다 성공

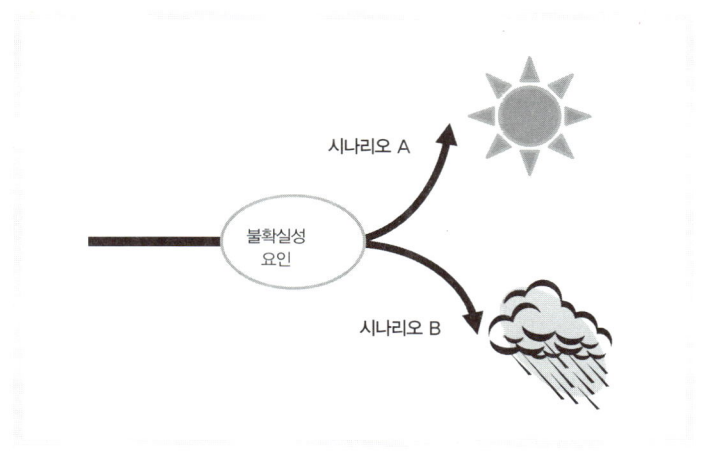

미래의 시나리오

적인 대응을 해냈다. SRI~Stanford Research Institute~[5]를 비롯한 세계적인 기관과 기업들이 각자 고유한 시나리오 플래닝 기법을 개발하여 활용하고 있다. 그렇지만 전체적인 틀은 대동소이하다. 미래 사회를 좌우할 핵심적인 불확실성 요인들을 찾아내고, 그에 따라 진행될 시나리오를 작성하고, 이를 통해 시사점을 도출하는 과정이 대개의 구성이다. 전문가 그룹의 예측, 설문, 워크숍 등 다양한 방법이 있는데, 그중에서도 워크숍을 이용한 시나리오 플래닝은 다양한 전문가들의 토론 과정을 통해 합리적이고 논리적인 진행이 가능하여 현재 가장 많이 활용되고 있다.

그림 4-1은 현재 가장 일반적으로 실행되고 있는 시나리오 플래닝의 구조다.[6] 일곱 개의 추진단계 중에서 가장 중요한 것은 두 번째인 팀 구성이다. 현실적으로 신뢰할 수 있는 시나리오를 도출해낼 전문가 집단의 구성이야말로 시나리오 플래닝 전 과정의 성공 여부를 결정하는 가장 중요한 열쇠로 알려져 있다.[7]

시나리오 플래닝이 조직의 스캣 능력을 향상시키는 이유는 앞서 황선홍 감독의 조언처럼 '미래 발생 가능한 상황에 대한 구성원의 멘탈 트레이닝~mental training~'이 가능하기 때문이다. 미래의 불확실성 요인을 다양한 시나리오로써 학습하고 이에 따

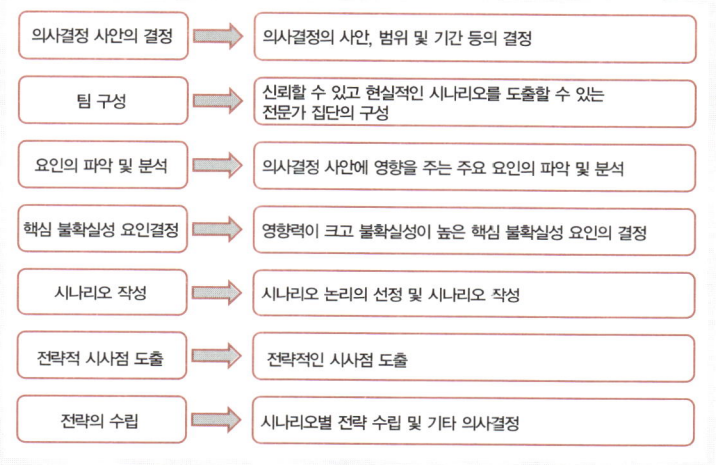

그림 4-1 시나리오 플래닝의 추진단계

른 대처방안을 마련하는 과정에서, 구성원들의 머릿속에는 다양한 상황에서의 정신적 지도가 작성된다. 간접적으로 상황 대응훈련을 할 수 있는 것이다. 실제로 일어난 상황이 시나리오와 똑같지 않다고 하더라도 무방하다. 유사 시나리오를 활용하거나 몇 개의 시나리오 대처방안을 통합하여 짧은 시간에 효과적인 의사결정을 할 수 있다.

개인적인 스캣에서도 시나리오적 사고의 역할은 시나리오 플래닝과 같다. 머릿속에 시나리오를 만들어 미래 상황에 대해 정신적 지도를 작성하는 방법으로 상황에 대비한 훈련을 할 수 있다.

효과적인 시나리오적 사고를 위해서 강조하고 싶은 한 가지는 주머니 속에 늘 수첩을 갖고 다니며 기록하는 습관을 가지라는 것이다. 앞에서도 말했지만 메모 습관은 스캣 기능을 향상시키는 데 무척 중요한 요소다. 머릿속으로 생각할 때보다 손으로 쓰고 눈으로 확인하며 기록하면 훨씬 충실한 시나리오가 작성될 수 있다. 또 메모는 스캣을 하는 상황에서 실수를 크게 줄여준다.

상상력과 창의성의 즉흥연기

밀로스 포맨 감독의 영화 〈달에 간 사나이 Man on The Moon〉에서 짐 캐리는 실제 전설적 코미디언이었던 주인공 앤디 카프맨 역을 맡아 '변신의 귀재' 다운 재능을 마음껏 발휘했다. 삼류 코미디언으로 클럽 무대를 전전하던 앤디. 우연히 그의 공연을 본 유명 매니저 조지 샤피로의 눈에 띄어 곧 방송 시트콤 출연 제의를 받는다. 대본에 씌어 있는 개그보다는 자신만의 개그를 선보이고 싶었던 앤디는 출연에 따른 조건으로, 시트콤 안에 자신의 쇼를 만들어줄 것과 토니 클립튼이라는 코미

영화 〈달에 간 사나이〉에서 코미디언 앤디 카프맨으로 분한 짐 캐리

디언을 출연시켜줄 것을 요구한다. 조지 샤피로는 확인 차 토니 클립튼의 공연을 보러 갔다가 그가 앤디 자신임을 알게 된다. 엽기적인 행위와 기괴한 형태의 쇼를 선보이는 앤디의 인기는 나날이 늘어간다. 훗날 앤디가 폐암으로 죽게 되었다고 말했을 때도 시청자들은 이를 믿지 않았고, 실제 장례식을 치렀을 때조차 반신반의했을 정도다.

앤디 카프맨도 짐 캐리도, 실제 즉흥연기의 달인이었다. 주로 라이브 쇼로 진행되는 코미디는 관중의 반응에 따라 연기가 조금씩 달라져야 하기에 순간적으로 고난도의 창의성과 집중력이 발휘되는 작업이기 때문이다. 즉흥연기는 '배우들이 연기 도중 미리 준비된 대본에 따르지 않고, 계획 없이 약간의 약속에 따라 자신이 느낀 대로 말하고 행동하는 연기 방법'이다.[8]

연극 무대에 선 배우들은 반복된 리허설을 통해 익숙해진 감정과 대사를, 마치 처음 닥친 상황처럼 연기해야 한다. 연기하는 동안 관중에게 계속 신선한 감정을 전달해야 하기 때문이다. 훌륭한 연기자일수록 무대 위에서 더욱 능숙하게 즉흥연기를 선보일 줄 안다. 배우의 상상력과 창의적 사고에 자극을 주는 즉흥연기는 연기력을 향상시키는 중요한 도구다.

연극은 조직전략으로서의 스캣에 많은 시사점을 준다. 전통적인 연극에서 대본은 연기의 방향과 내용을 제시함으로써 연극 전체를 이끄는 요소다. 연출자는 각자 구체적으로 설정된 역할에 맞는 배우를 뽑고, 배우들이 대본대로 맡은 역할을 성실히 수행하도록 리더십을 발휘하며, 무대장치와 의상·소품 담당은 스토리를 명료하게 만들 무대 환경과 분위기를 제공한다. 그런데 사전에 설정된 무대 환경 아래 철저히 통제되어 공연되는 전통적인 연극과 달리 즉흥연극은 훨씬 유연하고 개방적이며, 스토리 전개가 예측 불가능하다.

즉흥연극은 대본이 따로 없다. 무대장치도 없고 의상과 소품도 최소한일 뿐이다. 연극은 오로지 관객과 배우들 간의 교감만으로 이끌어진다. 연출자 역시 전통적인 연극에서처럼 계획하고 감독하는 대신, 배우들이 최상의 연기를 할 수 있도록 조력하는 역할만을 수행한다. 연극의 수준은 배우들의 창의성과 상호 적절한 역할 분담, 그리고 관객과의 호흡에 의해 결정되는 것이다.

이를 기업 조직에 비춰보면 어떨까? 전통적인 기업에서 전략이나 정책은 최고경영자(연출자)의 감독 아래 조직의 행위를 결정짓는 대본의 역할을 한다. 연기자인 조직 구성원은 사무 공간과 공장, 사무용 기기 등의 무대장치와 소품에 둘러싸여, 기업 전략에 따라 정해진 기능과 역할을 성실하게 수행할 뿐이다.

조직의 세 가지 스캣 능력

조직과 조직 구성원의 스캣 능력은 어떻게 길러야 하는가?

기업경영을 하는 입장에서는 가장 관심 있는 부분일 것이다. 또한 조직의 구성원으로서 일한다면, 개인의 스캣 능력은 조직의 풍토에 영향을 받지 않을 수 없다. 조직문화가 개인의

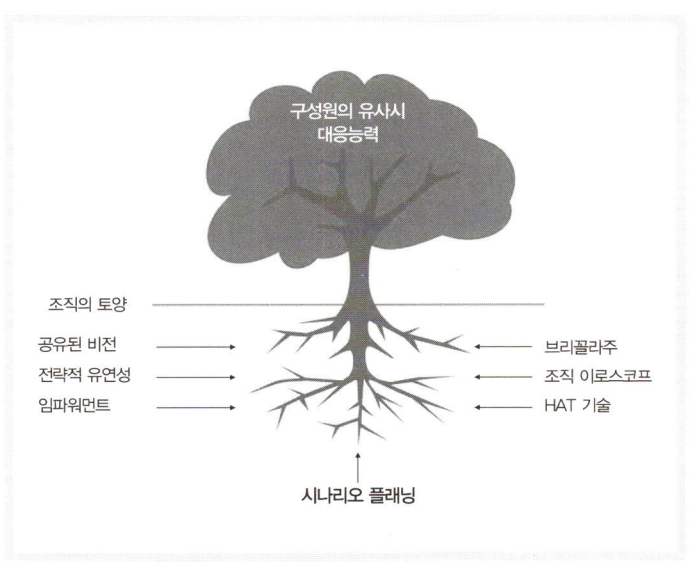

그림 4-2 스캣 능력 나무와 일곱 가지 영양분

즉흥적 의사결정을 촉진하거나 지원한다면 개개인의 스캣 능력은 향상될 여지가 더욱 많아질 것이다. 그림 4-2는 예상치 못했던 상황이나 위기 앞에 선 조직 구성원의 대응 능력을 길러주는, 말하자면 스캣조직의 조건을 나무와 그 나무가 사는 토양으로 알기 쉽게 풀어놓은 것이다.

조직이 분명한 목표가 있고 전략적 유연성과 임파워먼트(권한위임) 등 그림에 나타난 일곱 가지의 제도·문화적 특성을 갖추고 있다면, 경영환경이 격변하는 위기를 만났을 때 신속하고 창의적이며 수준 높은 대응 능력을 보일 것이다. 조직의 토양은 일곱 가지의 영양분을 충분히 공급받았을 때 훨씬 더 비옥해질 수 있다. 뿌리를 통해 이 영양분을 충분히 흡수한 조직은 튼튼한 스캣 능력을 갖춘 나무로 자랄 것이다. 또한 튼튼한 나무가 많은 숲은 그만큼 건강해지게 마련이다. 그래서 격동하는 경영환경과 위기의 폭풍우 속에서 끄떡없이 견디는 숲이 된다.

앞서 강조한 개인의 스캣 역량을 길러주는 브리꼴라주, 조직 자이로스코프, HAT 기술, 그리고 시나리오 플래닝은 그림에서 보듯 조직 차원의 제도, 조직문화, 업무절차로 시스템화되어야 한다. 조직 자이로스코프의 활성화는 조직 내에 실시간 정보의 수집과 확산으로 이어지고, 시나리오 플래닝의 제도화는 조직 구성원의 스캣 능력을 향상시켜줄 것이다. 브리꼴라주와 지식·노하우 간의 활발한 융합·응용을 의미하는 HAT 기술은 기업 CEO를 중심으로 조직의 혁신과 위기 대응 능력을 더욱 단단하게 만들어준다.

'스캣조직'이란 이러한 장치들이 조직 내 구성원 사이에서 폭넓게 공유되고, 조직 단위의 특성으로 '공유된 비전shared vision'과 '전략적 유연성', '임파워먼트empowerment'를 이루고 있는 조직을 뜻한다.

1. 공유된 비전

2003년 시카고와 시애틀에서 2003 TOPOFF 재난훈련이 열린 바 있다. 여기에 미국 연방수사국FBI의 톰 네이어가 참관했는데 그는 한 라디오 인터뷰를 통해 다음과 같이 말했다.

> "효과적인 재난 대응은 일종의 오케스트라와 같습니다. 요원들은 세계 최고의 트럼펫 혹은 클라리넷 연주자와 다름없죠. 하지만 그들이 같은 악보를 가지고 연주를 하지 않는다면, 그건 최악의 소음이 될 수밖에 없을 겁니다."[9]

재난에 대한 조직적인 대응을 오케스트라 음악에 빗댄 그의 표현은 매우 적절하다. 톰 네이어는 재난 대응에서 구급요원들에게 공유된 비전과 이에 따른 일사불란한 집단행동의 중요성을 강조했다. 기업의 관점에서 '공유된 비전'의 의미는 다음과 같다.

> **CEO 한 사람만이 갖고 있는 비전이 아닌,
> 조직 구성원 모두가 조직의 미래와 목표에 관해
> 함께 같은 방향으로 바라보는 것**

공유된 비전에 의해 탁월한 성과를 올리는 기업의 사례는 많다. 1912년 설립된 온라인 스포츠용품업체 엘엘빈L. L. Bean은 '제품 품질과 무조건적인 고객 만족'을 기업의 비전과 목표로 내세웠다. 그리하여 2009년에는 〈비즈니스위크〉가 실시하는 '고객 서비스 챔피언Customer Service Champs'에서 1위를 차지했다. 아메리칸 에어라인은 최근 회사 전체 직원이 참여하는 종업원 혁신 제안제도를 도입하여 12주 만에 5천만 달러를, 그 뒤에도 6백만 달러를 추가적으로 절약했다. 요즘 많은 기업이 종업원 제안제도를 도입하고 있지만, 아메리칸 에어라인처럼 큰 성공을 거둔 업체는 별로 없다고 할 정도다.

엘엘빈과 아메리칸 에어라인의 힘은 각각의 창업자인 엘엘빈과 로버트 크랜달 회장의 리더십에서 기인한다. 한 명의 CEO로부터 말단 직원까지 기업의 나아갈 길을 한 방향으로 꿰뚫으며 공유된 비전, CEO 개인의 비전을 조직 전체로 확산시킬 수 있었던 출중한 리더십의 전형이다.[9]

9·11 테러의 재난 복구 과정을 연구한 워텐도프의 이야기를 상기해보자. 당시 경찰, 소방관, 자원봉사요원 등 서로 다른 기관에 속했던 이들이 그 같은 재난에 대비해 작성해놓은 매뉴얼 하나 없이 즉흥적으로 일사불란하게 복구를 진행했다. 그렇게 할 수 있었던 요인으로 워텐도프는 그들이 재난 대응

에 관한 '비전'과 이에 의해 만들어진 '가상역할체계virtual role system'를 공유하고 있음을 들었다.[10]

가상역할체계는 한 집단에 속한 구성원의 머릿속에 그들이 속한 조직의 틀을 유지하게 해준다. 또한, 설사 조직이 와해되어 구성원 간의 역할이 모호해진 상황에서도 자신과 다른 사람이 해야 할 역할과 행동, 나아가 모두가 이루어야 할 궁극적인 목표를 설정해준다.

1978년 개봉된 영화 〈포세이돈 어드벤처The Poseidon Adventure〉는 재난영화의 원조 격이라 할 수 있다. 거대한 해저지진으로 여객선 포세이돈 호가 전복되면서 선장을 비롯한 대부분의 승무원이 사망하고 말았다. 그런 가운데 프랭크 스콧 목사가 여섯 명의 생존자를 이끌고 탈출구를 찾다가 마지막에 스스로 생명을 희생하며 나머지 생존자들을 살려낸다. 승무원도 아니고 해난구조 경험도 없는 목사가 어떻게 생존자들을 이끌 수 있었을까? 그것은 바로 어떻게 해서든 살고 싶다는 생존자들의 '간절한 소망'과 절망적인 상황에서 목사로서의 소명을 일깨우는 프랭크 스콧 목사의 '가상역할체계'였을 것이다.

조직 구성원이 공유하고 있는 비전과 이에 의한 가상역할체계는 조직의 일부 구성원이 낙오하고 만 비상 시기에도 나머지 구성원이 수행해야 할 행동을 제시하며, 조직의 역량을 유지하는 데 필수적인 요소이다. 긴박한 위기상황에서 해야 할 일이 분명히 주어진다면, 그는 사전에 주어진 자신의 역할을 넘어 자발적으로 목표를 이루고자 최선을 다할 것이다.

모든 것이 뒤죽박죽이 된 전투현장에서 살아남은 병사들이 애초 자신의 임무에서 벗어나 통신병이나 위생병은 물론 지휘관 역할까지 하는 모습은 전쟁회고록이나 이를 바탕으로 한 수많은 전쟁영화에서 어렵지 않게 볼 수 있는 장면이다. 이 같은 현상을 워텐도프는 9·11 테러로 말미암은 세계무역센터 재난 복구 과정에서 목격한 것이다. 예상치 못한 재난으로 사전에 수립된 계획이 쓸모없어지고 재난에 대비한 조직마저 와해된 가운데, 임의로 모인 사람들을 즉흥적으로 일사불란하게 움직이게 한 힘. 그것은 지원자들이 공통으로 가졌던 정의감, 생명 존중 의지, 공공의 안전이라는 '공유된 비전'과 이를 위해 무엇이든지 하겠다는 '가상역할체계'였다.

조직 내에 공유된 비전을 창조하기 위해서는 먼저 CEO가 구성원과 끊임없는 의사소통을 하고자 노력해야 한다. 공식적인 기업비전을 명문화하는 것만으로 공유된 비전을 만들 수는 없다. 명문화된 비전을 구성원이 무조건 순응하고 이에 대한 목표를 스스로 세울 것이라고 생각한다면, 이는 순진한 믿음이며 동시에 위험하기 짝이 없는 착각이다. '이 비전을 실현하도록 왜 최선을 다해 노력해야 하는지', CEO는 구성원들에게 답변할 준비가 되어 있어야 한다.

조직의 생존이 위협받을 때, 기업이나 단체들은 단단한 결속력을 보이곤 한다. 예컨대 금융위기가 닥쳤을 때 그들이 보여준 모습을 상기해보라. 현재 직면하고 있는 극심한 불황을 타개하기 위한 급진적 혁신은, 빠른 시간 안에 조직 내에 공유된 비전으로 자리 잡을 수 있다. 이런 경우, 아마도 대부분의 직원이 솔선하여 비용을 절감하고 당장 필요하지 않은 지출 요인들을 제거하는 등 노력을 아끼지 않을 것이다.

같은 이유로 공멸하지 않기 위한 혁신 같은 부정적 비전도 필요하다. 하지만 부정적 비전은 일반적으로 효과가 단기적이며 조직 발전을 위한 궁극적인 방향을 제시하지 못한다는 결함을 갖고 있다. 그러므로 '고객 서비스 챔피언' 같은 긍정적 비전도 필수적이다. 이를테면 잭 웰치 Jack Welch가 1981년 GE의 최연소 회장으로 취임했을 때의 사례를 보자.

그는 취임하자마자 각 사업부를 대상으로 '고쳐라, 매각하라, 아니면 폐쇄하라' 라는 전략을 통해 10만 명 이상의 직원들을 해고했다. '중성자탄 잭' 이라는 별명을 얻을 정도로 구조조정에 앞장선 것이다. 그렇지만 그것이 전부가 아니라

잭 웰치(전 GE 회장)

식스시그마, 세계화, e-비즈니스 등의 미래지향적 전략을 동시에 구사했다. 이로써 결국 GE를 세계 최고의 기업으로 올려놓았다. 말하자면 잭 웰치는 늙고 병든 거인 GE의 회생을 위해 대규모 혁신이라는 부정적 비전을 내세워 직원들에게 채찍질을 가한 셈이다. 그렇다 하더라도 발명왕 에디슨으로부터 시작된 미국의 자존심으로서 'GE의 생존'이라는 비전이 공유되고 있었기에 노사분규는 크게 문제 될 정도가 아니었다.

이처럼 부정적 비전은 '공포 fear'를, 긍정적 비전은 '열망

aspiration'을 통해 구성원을 자발적으로 움직이게 한다. 공유된 비전을 창조하기 위해서는 '공포'와 '열망'이 모두 필요하다.

2. 전략적 유연성

요즈음 한국 드라마가 세계적으로 인기를 얻고 있다. 세계 영화 산업의 종주국이라 자부하는 할리우드에서조차 주목할 정도다. 그런데 한 가지 흥미로운 것은, 그 경쟁력의 원천이 이른바 졸속 제작의 원인으로 지적받던 '동시 제작 방식'이라는 사실이다.

16~20부작 드라마를 기준으로 보았을 때, 한국의 제작사들이 사전에 제작하는 분량은 4~6회에 불과한 것으로 알려져 있다. 상황이 이렇다 보니 방송 시작 불과 몇 시간 전에 필름의 최종 편집이 끝나는 경우도 허다하다. 이처럼 열악한 환경이지만, 매회 연출자가 이끄는 조직의 힘을 바탕으로 드라마가 진행되면서 시시각각 변하는 시청자의 반응을 적극적으로 반영하는 유연성이 경쟁력으로 연결되었다는 것이다. 시청자와의 호흡은 동시 제작 방식이 아니면 불가능하다. 연출자의 현장 판단에 따라 대본에 없는 오솔길이나 겨울 호수 같은 (드라마의 분위기를 고조시킬 수 있는) 장면을 즉흥적으로 넣을 수 있는 것도 한국 드라마만의 장점이다. 일본만 보더라도 기획 등 선

제작단계pre-production process를 치밀하게 준비하므로 방송 중에 대본을 바꾸기가 매우 어렵다. 그래서 돌발사태 없이 사전 계획대로 진행하기 위해 세트장 촬영을 많이 하는 편이다.[12]

일주일에 무려 2회분을 촬영하면서도 작품 완성도를 일정하게 유지하는 유연성이야말로 한국 드라마 제작업계의 놀라운 능력이 아닐 수 없다.

'한류'의 시작점이었던 〈가을동화〉, 〈겨울연가〉로부터 〈대장금〉을 지나 얼마 전 인기리에 종영되었던 〈아이리스〉까지 잇따른 성공을 기록한 한국 드라마의 힘은, 일사불란하게 움직이는 제작팀의 즉흥적 창조력에서 나왔다고 할 수 있겠다. 이것은 연출자에게 그만큼 전략적 유연성을 보장하는 환경 덕분에 가능했던 일이다.

전략적 유연성이란 사전에 수립된 계획에 집착하지 않고 외부환경의 변화에 따라 재빠르게 대처할 수 있는 조직의 역량을 말한다. 미국 정부가 발표한 '해외주둔 미군 재배치 계획GPR'의 근간이 되는 개념도 이러한 전략적 유연성이다. 세계 곳곳에서 동시다발적으로 분쟁이 일어나는 21세기 새로운 안보환경에 맞추어 해외주둔 미군뿐 아니라 본토의 미군도 분쟁지역으로 즉시 이동할 수 있는 신속 기동군 체제로 편제를 재편한다는 내용이다.

한 조직이 전략적 유연성을 가지려면 조직이 사용할 수 있는 자금과 인력 등 자원집결의 유연성과 자원사용의 유연성을 함께 갖추어야 한다. 그러자면 첫째, 조직이 필요할 때 자금이나 인력 등 소요되는 경영자원을 획득할 수 있어야 한다. 둘째, 조직 내부의 자금이나 인력을 환경 변화에 대처하는 새로운 용도로 바꾸거나 재배치하는 데 따르는 비용과 난이도가 낮아야 한다. 또한 셋째, 자금이나 인력을 새로운 용도로 전환하는 데 걸리는 시간, 즉 용도전환이 신속해야 한다.

그런데 기업을 경영하는 입장에서 전략적 유연성을 갖추기는 쉽지 않은 일이다. 미리 수립한 계획에만 집착하지 않고 격변하는 시장 변화에 재빠르게 대처하려는 최고경영자와 구성원들의 의지가 더욱 중요한 이유다. 외부 자금조달이나 필요한 인재의 영입이 어렵다면 조직 내부로 관심을 돌려야 한다. 내부 자금과 인력을 신속하게 용도전환 할 수 있도록 조직문화를 혁신적으로 재편하고, 구성원들이 저마다 자신의 역할에 대해 보다 적극적인 자세를 가져야 한다. 이야말로 유연한 조직을 만들어나가는 필수조건이다. 앞에서 설명한 비전의 공유, 비전을 달성하기 위해 자신이 할 수 있는 일이면 무엇이든지 하겠다는 가상역할체계를 다시 한 번 강조할 필요가 있다.

산업화 시대의 우리 기업들은 자신들의 전문 업종을 넘어

성장 잠재력이 높은 신산업에 모든 역량을 투입하며 사활을 걸고 뛰어들었다. 삼성전자는 6개월 이상 진행한 반도체 생산라인의 증설을 하루아침에 뒤엎고 다른 분야에 투자했다. 이러한 일들이 무엇을 의미하는지 깊이 생각해봐야 한다.

그냥 하던 대로 머무르지 않고 격변하는 환경에 적극적으로 대응하려면 그만한 고통이 따를 수밖에 없다. 우리나라 방송국의 드라마 제작팀은 방송이 시작되면 시청자의 반응을 읽으면서 일주일에 두 편씩 촬영해야 한다. 사전 제작 방식에 비해 매우 힘든 환경에서 밤샘 촬영을 밥 먹듯이 한다고 한다. 그렇지만 그 결실은 놀라울 정도다.

유럽 어느 기관의 연구에 의하면, '기업의 전략적 유연성이 높을수록 시장 변화에 적합한 혁신 제품을 더 많이 개발할 수 있고, 이러한 전략적 유연성의 효과는 시장 변화 속도가 빠르거나 격심할수록 더 커진다'고 한다.[13]

예측할 수 없이 격변하는 시대, 긴박한 상황에서 창의적인 즉흥을 이끌어내는 전략적 유연성은 기업의 핵심역량이 아니라 생존의 필수조건이다.

3. 임파워먼트

임파워먼트는 조직 구성원에게 '권한을 부여' 하거나 '능력을 향상' 시키는 것이다. 실제 기업경영에서 임파워먼트의 핵심은 다음과 같다.

> 첫째, 조직 구성원의 업무 수행 능력을 키우는 것
> 둘째, 수동적·상황 적응적 업무자세를 능동적·상황 창조적으로 바꾸어 구성원이 잠재력과 창의성을 최대한 발휘하도록 하는 것
> 셋째, 상급자들이 가지고 있던 권한을 이양하여 자율성과 책임 범위를 확대함으로써 보다 신속한 의사결정을 하도록 하는 것[14]

시장과 고객욕구의 변화속도가 너무 빨라 예측이 힘든 환경일수록 조직은 구성원이 변화를 수월하게 인지하고 여기에 신속 적절하게 대응할 수 있도록 역량을 모아줘야 한다. 주어진 현장 상황에서 자율적이고 창의적인 즉흥을 유도해내는 것이다.

조직을 '임파워링' 하기 위한 출발점은, 조직이 이루어야 할 비전과 실행전략을 구성원이 명확하게 이해하는 일이다. 그래야 신속한 의사결정이 필요한 순간에, 구성원이 상급자의 승인이나 지침을 기다리지 않고 스스로 결정하여 목표 성과를 달성할 수 있다.

포드 사는 중간관리자들을 대상으로 LEAD_{Leadership Education and Development} 프로그램을 실시하고 있다. 임파워먼트를 위한 비전 공유의 중요성을 확실하게 일깨워주는 교육 프로그램이다. 참가자들은 현재 회사에서 일어나고 있는 전사적인 전략 방향과 문화적 변화에 대해 깊이 있는 교육을 받는다. 최고경영자 수준의 관점과 사고를 통해 자신의 역할을 재정의하고, 자신을 회사의 고용인이 아닌 동반자로 생각하도록 하는 것이 교육의 핵심이다. 교육 참가자들은 역할을 재정의함으로써 시키는 일에 만족하는 대신 스스로 주도권을 가진다. 또한 보다 나은 업무방식을 고안해 실행에 옮기는 새로운 사고와 행동양식을 몸에 익힌다. 이와 더불어 불확실한 환경에 유연하고 적절하게 대응하려면 자신의 능력을 지속적으로 개발시켜나가야 한다는 마인드를 갖게 된다. 결국 개인의 성장뿐 아니라 회사와의 동반자적 인식이 탄생하는 것이다.

임파워먼트의 실행과 관련하여 중요한 것은 일선 실무자의 자율적 결정에 의한 실패에 대해 격려가 필요하다는 점이다. 물론 모든 실패에 관대하라는 뜻은 아니다. 그러나 시도했던 것들이 실패할 때마다 강력한 제재가 가해진다면, 위급한 상황이 닥쳤을 때 상급자의 허락을 받기 전에 어떤 긴급조치를 취하려고 노력하는 구성원은 한 명도 없을 것이다. 스스로 관행에 얽매이지 않는 혁신적인 아이디어를 생각해내고 새로운 방법을 실험하도록 권장하는 임파워먼트가 조직문화에 뿌리내리려면 '새로운 아이디어에는 항상 실패의 위험이 존재한다'는 인식이 널리 퍼져야 한다.

  한국의 많은 기업을 살펴보면, 아직도 관료적인 문화가 깊게 뿌리박혀 있다. 이는 성공적인 임파워먼트를 위해 반드시 타파해야 할 장애다. 관료적 문화에 젖은 조직은 위험을 감수한 변화보다는 현실 안주를, 새로운 아이디어보다는 과거의 관행을 쫓기에 바쁘다. 세계적인 컨설팅사 타워스 페린Towers Perrin이 전 세계 직장인 8만 6천여 명(한국인 1,016명)을 대상으로 조사를 한 적이 있다. 그중 '부하 직원이 주도적으로 일하도록 적절한 권한이 위임되는 편인가?'라는 질문에 긍정적으로 응답한 한국 직장인은 불과 31퍼센트밖에 되지 않았다. 조사가 이루어진 16개국 중 최하위였다.[15]

  최고경영자든 실무책임자든, 리더는 지시하고 통제하는 것이 존재의 이유라는 구시대적 신념을 가지고 있다. 그로 말미암아 조직이 커지면 복잡한 '상의하달'형 위계구조가 통제의 방법으로 자리 잡게 되는 것이다. 현재 많은 한국 기업이 다투어 팀제를 도입하고 있는데, 실질적으로는 효과를 보지 못하고 있다. 조직 내에 뿌리 깊은 관료주의적 문화 때문이다.

반면에 포스코는 임파워먼트를 제대로 실천하기 위해 조직구조와 제도를 바꾼 선도적인 기업이다. 기존의 획일적인 '임원-실-팀' 구조에서 '부문장-실-그룹', '부문장-그룹', '실-팀' 등 과업의 특성에 따라 계층구조를 달리했고, 이를 통해 조직계층의 슬림화와 유연화를 동시에 시도했다. 또 권한의 이양을 제도화하기 위해 책임권한표RAI Chart를 채택했다. 의사결정이 발생하는 모든 업무 항목들에서 개인의 역할과 책임을 명확히 재정의한 것이다.[16]

조직 구성원의 다기능화 multi-skilling도 임파워먼트의 활성화를 위해 반드시 수행되어야 할 부분이다. 조직의 계층구조를 단순화하면 할수록 한 부서와 개인이 담당하는 업무범위는 넓어지고, 권한의 이양이나 자율적 의사결정은 구성원 개개인의 폭넓은 업무지식에 따라 결정되곤 한다. 부장이 독점적으로 해오던 의사결정을 현장의 실무자가 상황 창조적으로 신속하게 결정하려면 '부장이 담당해오던 하위 부서들의 업무'를 실무자가 명확히 이해하고 있어야 한다. 올바른 결정을 위해 고려해야 할 요소들을 빠른 시간 안에 챙겨야 하고, 결정에 따른 파급효과까지를 순식간에 읽어내고 판단해야 하기 때문이다.

또 다른 예로 미국 버펄로에 있는 모토롤라사 엘마 공장을 들 수 있다. 임파워먼트의 활성화를 위해 사원들에게 공정관리, 전자공학 등 기술 분야는 물론 성과평가, 팀 빌딩, 대인관계까지 다양한 분야의 지식을 습득할 수 있도록 다기능화 교육을 실시하고 있다. 현재 모든 사원이 연간 40시간 이상의 교육을 받는다. 기술과 제품이 더욱 고도화되는 미래에는 지금보다 훨씬 많은 연간 160시간 정도의 교육·훈련이 필요할 것으로 예상된다.[17]

격변의 미래를 앞두고 있는 우리 기업들도 신중히 고려해볼 만한 장면이다.

CHPATER
5
창의적 혁신의 발견

창의적 혁신의
발견

계획이란 완벽한 쓰레기다

우리 시대의 혁명가 게리 하멜 Gary Hamel은 "점진적 변화로 이어온 진화의 시대는 가고 불연속적이고 비선형적인 혁명의 시대가 이미 찾아왔다"고 선언했다. 그가 말하는 혁명의 시대는 부의 생성과 소멸이 어지러울 정도로 급속히 일어나는 격변의 시대다. 또 변화 양상 자체가 변화하여 도저히 예측할 수 없는 혼돈의 시대다. 미래에는 기회가 거의 '광속으로' 왔다가 사라지고 창조적 파괴의 바람 역시 거의 허리케인 수준으로 불어닥칠 것이다. 굼뜨거나 과거에 집착하는 사람들은 사막에 굴러다니는 텀블링 트리 tumbling tree처럼 속절없이 휩쓸리고 말 것이다.

이 같은 현상을 역사적으로 고찰해온 미국의 정치학자 프랜시스 후쿠야마 Francis Fukuyama는 《역사의 종말》(2003)을 통해서 이렇게 역설했다.

"시장경제체제는 국가와 경제체제를 초월하여 탈규제와 사유화의 바람을 일으키며 인류역사의 산물인 모든 이데올로기를 맹렬한 기세로 휩쓸고 있다. 글로벌화한 시장경제체제는 역사 변화의 점진성에 종말을 고했다. 또한 세계를 예측할 수 없는 격동의 바다로 내몰고 있다."

보편화된 시장경제체제는 인간욕구 표출의 자유와 이에 따른 변화 동인의 글로벌화를, 경제의 글로벌화는 시공을 초월할 변화의 파급효과를 만들고 있다는 것이다. 예컨대 앞서 소개한 미국 주택 시장의 거품이 붕괴되면서 시작된 미국 발 금융위기가 그러하다. 이 위기는 국제 금융기관들이 위험자산을 경쟁적으로 팔아치우는 소위 디레버리지를 통해 전 세계로 파급되었다.

앨 고어 전 미 부통령의 수석대변인을 지내기도 한 미래학자 다니엘 핑크Daniel Pink는 이번 위기의 요인과 의미를 특유의 명쾌한 논리로 설명했다.

"아무도 큰 그림을 보지 못했거나, 혹은 보지 않았기 때문이다.

감당 못 할 주택담보대출이 증권에 얹히고 전 세계로 뿌려지는 과정에서 모두들 부분에만 집착해 있었다. 그러다가 지탱이 불가능해진 것이다. (……) 이번 위기로 전 세계가 얼마나 서로 꽁꽁 묶여 있는지 알게 됐다. 10년 전의 세계와는 완전히 다른 양상이다. '계획'은 완전히 난센스다. '완벽한 쓰레기'다. 그대로 될 리가 없다. 세상은 복잡하고 너무 빨리 변해서 절대 예상대로 되지 않는다."[1]

다니엘 핑크의 말은 (다소 과격하게 들리지만) 현재 세계가 겪고 있는 격동적인 변화 양상의 핵심을 찌르고 있다. 계획이란 기획과 실행의 시간적 괴리를 전제로 하는 작업이다. 이는 예측의 정확성에 따라 그 존재 이유가 결정된다. 그런데 세상이 너무 복잡해지고 너무 빨리 변해서 예측이 불가능해지고, 계획이란 작업도 쓰레기가 되어버렸다. 현재 그러할 뿐 아니라 앞으로는 더욱 어려워질 것이다. 세계 경제주체들 간의 갈등과 사건의 확산이 더욱 심화되면서, 지구촌은 '불확실성의 시대'를 넘어 '알 수 없는 미래'의 바다를 향해 급물살을 타고 떠내려가고 있다.

미국 발 금융위기는 그저 빙산의 일각일 뿐이다. 일시적인 것이 아닌 격심한 변동이 일상화되며 '영원한 격동의 시대'에

진입했음을 알리는 신호탄이 벌써 여러 번 터지지 않았던가. 업종의 벽을 파괴하며 스마트폰 시장을 열어젖히고 새로운 모바일 생태계를 선도한 스티브 잡스의 통찰력은 휴대전화 세계 1위 업체인 노키아와 3위 업체인 LG전자를 순식간에 초토화시켜버렸다. 2009년 사상 최고의 실적을 거뒀다고 자랑하던 LG전자가 불과 1년 만에 최고경영진이 날아가고 비상경영체제에 돌입한 것은 이제 그리 놀라운 사건도 아니다.

정해진 채널에서만 뱅뱅 맴돌던 단방향 미디어 텔레비전이 인터넷 선을 달고 커뮤니케이션이 가능한 양방향 미디어로 탈바꿈하고 있다. 이것은 흑백TV에서 컬러TV로, PDP에서 LCD로, 또 LED까지 디스플레이 기술을 중심으로 발전해온 텔레비전 시장의 새로운 진화방식이다. 구글TV와 애플TV가 선도하는 스마트TV는 세계 디지털가전 시장에서 선두를 달리는 삼성전자와 LG전자는 물론 콘텐츠 메이커인 지상파와 케이블 방송의 지형도까지 바꿀 기세다.

과거에는 변화의 동인이 주로 동일 업종의 경쟁자로부터 비롯되었다. 하지만 이제는 전후좌우 어디에서 튀어나올지 알 수가 없다. 더욱이 어떤 부분이 아니라 전체를 순식간에 바꿔놓기도 한다. 이와 같은 격동의 시대가 어느덧 우리 옆에 와 있다.

변화를 분석하고 대응책을 마련할 틈도 없이 돌아가는 현실에서, 한 업계 관계자의 한숨 섞인 토로가 마음에 와 닿는다.

"전체적인 IT 환경이 급속하게 변하는 격동기에는 CEO들의 대응 능력이 업계의 지도를 바꿀 것이다."[2]

브라질 나비의 날갯짓이 미국 텍사스의 토네이도가 될 수 있다는 말을 굳이 꺼낼 필요도 없을 듯하다. '무엇이 언제 어디로 튈지 모르는' 국면은 글로벌 네트워크 효과로 더욱 확대 재생산되어 세계 도처의 사람들을 불안하게 만들고 있다. 당장 오늘 자 아침신문을 펼치면 어렵지 않게 찾아볼 수 있는 현상이다.

반복하건대 '과거와의 단절, 변화와 혁신'을 해야 하는 이유는 이제 분명하다. 우리 앞에 몰아치고 있는 질풍과 노도 속에서 살아남기 위해 우리 내부로부터의 혁명은 피할 수 없는 운명이라 하겠다. 그렇다면 우리 마음의 혁명을 촉발시키고 이끌어갈 이데올로기는 무엇인가.

창의적인 위기 대응 조건

IMF 외환위기와 금융위기를 겪으면서 오너 경영은 이제 한국식 리더십 모델로 자리를 잡아 가고 있다. 오너 경영의 주요한 특징 하나는 '평상시보다는 위기 상황'에서 주로 채택되는 경영시스템이라는 점이다. 과거 삼성전자의 반도체사업이나 얼마 전 대한생명의 상장처럼, 기업의 사활을 걸 만큼 중요하지만 그만큼 리스크가 큰 의사결정은 오너만이 신속하게 할 수 있는 사안이다. 이건희 회장이 경영 복귀 일성으로 '위기극복'을 강조한 것도 같은 맥락이다. IMF 위기 이후 웬만한 기업들이 모두 마련한 위기대책을 넘어, 오너의 역할이 더욱 강조되는 현상은 눈여겨볼 만하다.

국가나 기업에서 위기대책은 보통 '위기관리 매뉴얼risk/crisis management manual'이란 이름으로 구체화되어 있다. 예컨대 재난 대책처럼 국가나 기업의 위기관리체제를 실제로 가동하는 방법과 절차를 의미한다. 여기에는 위기의 종류, 규모, 국면에 따른 기관·부서별 대응요령이 아주 구체적으로 나타나 있다. 그래서 실제로 위기가 발생했을 때 대응 당사자들이 신속하게 대처하고 피해를 줄이는 데 핵심적인 역할을 한다.

9·11 세계무역센터 재난 때 뱅크오브아메리카와 모건 스

탠리는 무너진 건물에 본사가 입주해 있었다. 그럼에도 이들 업체는 불과 하루 만에 영업을 재개했다. 이 사실은 사람들을 놀라게 했을 뿐 아니라 비탄에 빠져 있던 미국 국민에게 희망을 주었다. 데이터베이스 백업과 주요 기능 분사 시스템 등 견실한 위기관리체제가 수립되어 있었던 것이다. IMF 외환위기와 미국 발 금융위기를 연쇄적으로 겪은 한국 기업에서도 위기관리의 중요성은 더욱 광범위하게 인식되고 있다.

해군 비상이함(탈출) 절차(요지)
- 비상이함 명령은 오직 함장에 의한다.
    - 1단계 총원 비상이함 준비 명령이 내리면 보수 작업에 참가하지 않고 있는 총원은 갑판으로 나와 구명의를 착용하며 구명벌 근처에 사다리줄을 준비한다.
    - 2단계 총원 비상이함 명령이 하달되면 구명벌 책임자는 구명벌 및 주정을 강하하고 질서 있게 이함한다.
    - 3단계 보수 및 파기반 비상이함
- 총원이 비상이함 위치에 배치되면 함교에 인원보고한 후 안전수칙을 준수하면서 질서 있게 이함해야 한다.
    - **비상이함 시 다음을 준수한다.**
    - 함교에서 하달되는 주의사항·지시사항을 철저히 암기해야 한다.
    - 구명의를 견고히 착용하고 철모를 벗는다.
    - 옷을 벗지 말고 타인과 떨어지지 않는다.
    - 함 외측에 떨어진 후에는 힘을 절약한다.
- 비상이함 준비 시간이 없을 때에는 약식절차에 따라 실시한다.
- 적의 기습이나 기타 이유로 함이 급격히 침몰하는 경우 안전 및 수색반은 즉시 타승조원과 같이 이함한다.

해군 비상이함(탈출) 절차

하지만 앞에서 살펴봤듯 위기관리 매뉴얼이 위기의 모든 것을 대응하도록 해줄 수는 없다. 위기는 항상 우리의 예측과 상상을 뛰어넘어 찾아오기 때문이다. 물론 위기관리 매뉴얼에서도 창의성이 강조되기는 하지만[3] 알 수 없는 미래를 상상하는 데에는 한계가 있을 수밖에 없다.

다음은 최근 서해에서 발생한 천안함 침몰 사태에 관해 다룬 '정작 위기 땐 소용없었던 탈출 매뉴얼'이란 제목의 신문기사다.

> 본보가 31일 해군에서 입수한 A4 2쪽 분량의 '비상 이함 절차'에 따르면, 비상 탈출 절차는 명령→준비→구명벌(천막 형태의 구명 장비) 투하→탈출의 4단계이고 '명령은 오직 함장만 내린다'고 돼 있다. 천안함 사고 직후 함장이 함장실에 5분 이상 갇혀 있었고, 전력 공급이 차단돼 함정 내부에서 명령을 전파하는 게 사실상 불가능했던 상황에서는 속수무책일 수밖에 없다. 따라서 생존자도, 실종자도 모두 지휘 계통이 끊겨 우왕좌왕할 수밖에 없었다. (……) 사고 직후 '순식간에 배가 두 동강 났다'는 함장의 진술에 비춰보면 매뉴얼은 아무 소용이 없었던 셈이다.[4]

위기관리 매뉴얼은 국가나 기업이 상시적으로 운영해야 할 반드시 필요한 위기대책이다. 그러나 예상치 못한 상황에 대비해 사람들의 창의성을 극대화해야 한다는 점에서는 심각한 문제가 있다. 능동적으로 창의성을 발휘하여 상황에 대응한다기보다는, 신속성을 강조하면서도 '반드시 따라야 할 수칙적인 느낌이 강한' 방법이기 때문이다.

기존의 위기관리체제에는 위기 대응 당사자의 임의적 의사결정 방법이 보완되어야 한다. 또 효과적인 대응을 위해 평상시 그에 걸맞은 훈련이 필요하다. 천안함 침몰 사태처럼 위기관리 매뉴얼에 없거나 감당할 수 없는 범위의 상황이 일어났을 때, 인간의 창의성만이 유일한 해결책이기 때문이다.

스캣은 재즈 뮤지션의 즉흥연주를 넘어 우리 삶에서 일상화된 의사결정 방법이다. 비단 위기관리만이 아니라 국가와 기업, 개인이 수행하는 어떠한 종류의 과업에서도 스캣이 가진 창의성이라는 본질적인 의미를 살려야 한다.

> 스캣은 기술의 급속한 발전과 세계화로
> 미래 예측이 점차 어려워지는 환경에서
> '상황에 따라 창의적이고 적절한 의사결정'을 할 수 있는,
> 개인이나 기업의 미래 경쟁우위를 결정짓는 새로운 핵심 요소다.

예측 밖의 어떠한 위기 상황이 발생하더라도 거기에 창의적으로 대응할 수 있는 기초 조건, 피터 드러커가 말하는 '펀더멘털즈fundamentals'를 깊이 있게 살펴보아야 한다.

계획에 집착하는 이유

앞으로 나의 삶은 즉흥 연주곡을 연주하는 것과 같은 삶을 살아갈 것이다.
그 어떤 계획도, 어떤 준비된 목적도 없이
그저 매순간, 하루 하루에 충실하면서
아무런 목적 없이,
그저 아무런 계획 없이,
오늘 하루 하고 싶은 것을 찾아서, 거기에 몰입하는 삶을 살아갈 것이다.

그저 오늘 하루
하고 싶은 것을 생각하고, 그 일에 즐겁게 몰입하는 삶……
매일 매일, 하루 하루,
마치 즉흥 연주곡을 연주하는 것처럼,

마치 하얀색 도화지에 즉흥적으로 내가 원하는 그림을 그리는 것처럼,
그렇게 솔직하게 나의 하루를 즐기고 싶다.

미래의 불확실성, 미래의 목적, 미래의 계획에 신경 쓰지 말라.
거기에 신경썼기 때문에 매일 근심과 걱정이 계속 생긴 것이다.
그저 오늘 하루, 하고 싶은 것만 신경 쓰는 그런 삶을 살라.

내 마음이 원하는 방향으로 평화롭게 흘러가라.
그것이 내맡김이다.[5]

어느 한 블로그의 글이다. 매일 빠듯하게 정해진 일정에 쫓기듯 살아가는 우리에게 자유로움과 카타르시스를 느끼게 해 준다. 확실한 것은 전혀 없이, 그럼에도 미래를 위하여 애쓰는 목표와 계획이 현재의 나를 힘들게 한다는, 대부분이 공감할 수 있는 내용이다.

대저 계획이란 무엇인가? 늘 '현재'를 사는 우리에게 '미래'를 이야기하는 계획이란 어떤 의미를 갖는가?

계획에 대해 안철수 교수는 2009년 1월 〈조선일보〉와의 인터뷰에서 다음과 같이 말했다.

"현재를 성실하게 사는 것이 곧 미래 계획이다."

'계획'이란 것이 늘 이렇게 우리의 삶을 옥죄기만 하는데도 왜 우리는 매번 목표를 세우고 계획을 짜는 것일까? 무슨 일이 일어날지 알 수 없는 미래의 계획 따위는 모두 떨쳐버리고 하루하루 몰입하는 삶이 훨씬 행복하지 않을까?

우리가 계획에 집착하는 이유는 사실 간단하다. '훌륭한 계획은 훌륭한 성과를 가져온다'는, 우리 안에 은연중에 자리 잡은 믿음 때문이다. 연초가 되면 사실 얼마나 많은 사람들이 이 건전한 구호를 입에 올리곤 하는가.[6]

흥미로운 것은 계획에 대한 일반적인 믿음(확신)의 이면에는 모두의 마음속에 단단하게 뿌리를 내린 두 가지 환상이 숨어 있다는 점이다.[7]

첫 번째는, 지나간 과거를 주의 깊게 분석하면 미래에 일어날 일을 미리 알 수 있다는 환상이다. 동일한 원인은 미래에도 언제나 같은 결과를 가져온다는 가정이 이 믿음의 바탕을 이루고 있다. 사람들은 과거에 일어났던 일들의 원인과 결과를 일목요연하게 꿰뚫어볼 이론들을 개발해왔고, 이를 바탕으로 미래를 예측하는 수단과 방법들을 끊임없이 개선해왔다.

하지만 요즈음 세상에서 이러한 가정은 더는 유효하지 않다. 반복되는 이야기지만 이 사회의 거의 모든 부문에서 전례 없고 예측할 수 없는 변화가 매우 빈번하게 일어나고 있기 때문이다. 결과적으로, '계획의 바탕이 되는 과거'는 이제 미래를 위한 정확한 나침반이 될 수가 없어졌다. 하도 변화가 극심하기 때문에 계획을 수립하는 도중에 상황이 전혀 예측하지 못한 방향으로 변하기도 한다. 말하자면 사법고시를 준비할 계획을 한창 세우고 있는데 정부에서 사법고시 폐지안이 거론되는 꼴이다.

두 번째는, 일단 계획을 수립하고 나면 계획에 근거한 행동을 빈틈없이 수행할 수 있으리란 환상이다. 이 가정이 얼마나 비현실적이냐 하는 것은, 저마다 나름대로 치열한 계획을 세워봤던 우리 모두가 잘 알고 있다. 아무리 계획을 잘 짰다고 해도 실제 상황이 진행되다 보면 의도했던 것보다 그렇지 않았던 일들이 훨씬 많이 벌어진다. 우리의 삶을 지배하는 것은 '필연'이 아니라 '우연'이다. 세계사의 가장 획기적인 사건 중 하나인 미 대륙의 발견도 인도로 가는 항해 도중 우연히 일어난 사건이었고, 과학사의 중요한 발견인 만유인력의 법칙도 뉴턴 앞에 우연히 사과가 떨어졌기 때문이지 않은가.

1970년대 후반 들어 두 차례의 오일쇼크가 찾아왔고, 이후 세계 경제의 변화와 기복은 훨씬 심해졌다. 독주하던 미국 기업들이 그간 지속적으로 유지해온 경쟁력을 상실하게 되었고, 이는 '계획 패러다임'의 유용성을 통째로 흔드는 계기가 되었다.

헨리 민츠버그 교수Henry Minzberg는 그의 이정표적인 연구에서 다음과 같이 말했다.

> "(외부환경을 더 이상 정확하게 예측할 수 없기 때문에) 중·장기 계획을 수립하고 이를 추구하도록 경영자들을 독려하는 것보다 시시각각 변하는 경기상황에 보다 민첩하게 대응할 수 있는 능력이 더욱 절실히 필요하게 되었다. 이를 위해서는 기업조직원 전체의 전략적 사고방식을 배양하는 것이 중요하다는 사실을 인식하기 시작하였다. (……) 전략이란 계속적으로 진화·발전하는 것이다. 어느 순간 계획을 세우고 남은 기간 동안 전략을 수행하는 이분법적 방식은 기업에 아무 도움이 되지 않는다."[8]

가늠할 수 없을 정도로 빠른 변화가 일상화된 요즈음, 민츠버그의 말은 더욱 힘을 얻는 것 같다. 정확하게 예측할 수 없는 것을 예측하려고 하는 것은 그 자체로 잘못이다. 정형화된 계획은 변화한 상황에 순발력 있게 대응하는 기업의 능력을 오히려 떨어뜨리기도 한다.

최상의 계획이란 없다

'계획'에 이런 문제들이 있다고는 하지만, 이제부터 계획을 포기하고 아예 무계획의 삶을 살아가자는 것은 아니다. 그럴 수도 없을 테고 말이다. 다만 계획의 구체성과 강제성에 대해서는 다시 한 번 생각할 필요가 있을 것이다.

대저 계획이란 어떤 식으로 세우고 추진해야 하는가?

누군가는 이루어야 할 큰 목표만을 분명히 정해놓고, 세부적인 사항들은 (목표를 따라가면서) 상황에 맞는 최선의 방법을 선택하는 식으로 계획을 추진한다. 그리고 누군가는 이루어야 할 목표와 수행방법, 일정까지 아주 자세히 규정하고 상황 변화와 상관없이 세워진 계획을 고집하기도 한다.

그렇지만 진행 과정에서의 상황 변화에 아무 영향을 받지 않는 '최상의 계획'이란 존재할 수 없다. 어떠한 조건에서건 같은 결과를 내는 계획 또한 있을 수 없다. 《손자병법》 시계始計 편에 나오는 '꾀는 상황에 맞게 부려라', '원칙만 고집하지 말라', '이길 수 없다면 때를 기다려라' 등의 행동 지침들이 의도하는 바가 이것이다. 이를 현대 기업에 맞춰 옮기면 이렇게 될 것이다.

> 인력, 재원, 기술 수준, 설비 등
> 기업이 보유한 경영자원과 기업을 둘러싼 경영환경의
> 궁합이 잘 맞아야 선택한 전략이 성공할 수 있다.

상대방이 공격적인 카드를 내민다면, 우리 역시 최상의 방어와 역공을 펼칠 카드를 꺼내야 한다. 이를 두고 '전략의 창'을 연다고 표현한다.

유럽의 석학 이브 도즈Yves Doz는 이런 말을 했다.

"폭풍우가 치는 바다를 건널 때, 처음에 결정한 항로로만 무작정 가다가는 파도에 휩쓸려 난파할 가능성이 크다. 무사히 목적지에 도착하려면 바람과 파도의 흐름을 읽으며 수시로 방향을 바꾸어야 하는 것이다. 다양한 변수를 고려하고 상대의 반응을 예측하며 정확한 시나리오를 미리 만들어놓는 전통적인 전략으로는 변화의 속도를 따라잡을 수 없다."[9]

기업이 처한 상황의 특성을 정확하게 판단하고 그 상황에 적합한 전략과 행동을 신속하게 결정할 수 있는 능력은, 그저 그런 경영자와 실력 있는 경영자를 구별하는 가장 확실한 기준이 되고 있다. '스캣 역량이 탁월한 경영자'의 조건 말이다.

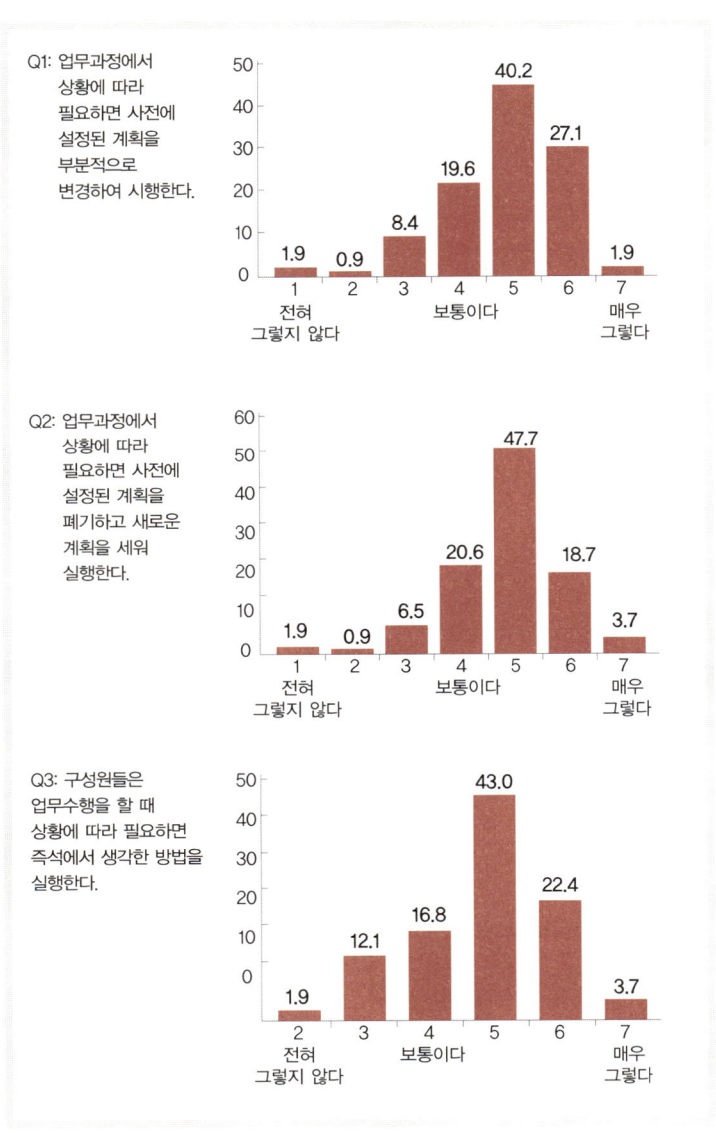

그림 5-1 상황 변화에 따른 의사결정방법(107개 기업 최고 경영자 대상 조사)

2009년 1월, 필자의 연구팀이 실제 기업 현장에서 조사했던 사례를 살펴보자(그림 5-1 참조).[10]

당시 난데없는 미국 발 금융위기로 거의 모든 국내 기업들이 출구를 알 수 없는 불황을 힘겹게 견디고 있는 무렵이었다. 그중에서도 상대적으로 더 많은 타격을 받았던, 해외영업을 하는 107개 기업 최고경영자를 대상으로 상황 변화에 따른 의사결정 방법을 물었다. 우리가 예측했던 대로 거의 90퍼센트의 기업이 사전에 설정된 계획을 변경하거나 아예 폐기한 것으로 나타났다. 88.8퍼센트의 기업이 사전에 설정된 계획을 부분적으로 변경했고, 90.7퍼센트의 기업은 사전에 설정된 계획을 폐기하고 상황 변화에 따른 새로운 계획을 세우는 추세를 보였다. 또 85.9퍼센트에 달하는 기업이 '상황에 따라 필요하면 즉석에서 생각한 방법을 실행한다'고 응답했다. 이처럼 스캣은 변화의 최전선에 서 있는 최고경영자들에게 이미 일상적인 일이 된 것이다.

그런데 더욱 흥미로운 사실이 하나 있다. 그들이 느끼는 변화의 양상이 전에 한 번도 예측 못 했을 만큼 격심했다는 것이다. 다시 말해 글로벌화한 경영환경에서의 예측 불가능한 상황 변화라 할 수 있다. 민츠버그 교수가 지적한 대로 '최상의 계획이란 없음'이 증명되었다고나 할까. 따라서 변화를 예측하기 어려운 미래에 생존하기 위해서는 최고경영자의 스캣 역량을 더욱 강화해야 한다.

▎통제 없는 미래 발명적 계획

그러면 이제 계획은 필요 없는가? 아무리 열심히 검토하고 완벽하게 수립한 계획도 변화의 파도가 심한 미래 환경에서는 맥을 못 추는 조각배 신세라면, 이제 미래의 계획을 설계하는 작업은 전혀 무의미한 일이 되고 마는 것인가?

이 같은 의문점에 어울릴 만한 명언 한 마디를 소개한다.

"계획과 즉흥은 같은 현상의 양면일 뿐이다."[11]

'계획'의 본질적인 문제들을 생각할 때, 개인이나 조직에서 스캣이 매번 정상적으로 작동한다면 '계획'은 더는 필요 없는 것이 될지 모른다. 가늠할 수 없을 만큼 빠른 변화가 일상화된 요즘, '정확하게 예측할 수 없는 것을 예측하려는 오류'와 '변화하는 상황에 적응하는 기업의 순발력을 정형화된 계획이 오히려 떨어뜨리는 모순'을 생각할 때, 다니엘 핑크가 말한 대로

'계획은 쓰레기'나 다름없을지 모른다. 정확한 예측을 바탕으로 한 합리적인 계획이 높은 성과로 직결된다는 과거의 경제적 논리는 이제 계획을 위한 변명이 될 수 없다. 계획이 얼마나 치밀한가 아닌가의 문제가 아니다. '계획'이란 작업 자체가 가진 의미를 다시 한 번 환기해볼 필요가 있는 것이다.

계획 수립 과정은 조직이 격동하는 환경에 직면했을 때, 일치단결해야 할 구성원에게 매우 중요한 조정 메커니즘이 될 수 있다. 쉘이 세계적인 석유위기를 극복하면서 보여준 성과가 그 좋은 사례다.

쉘은 석유위기 직전, 미래에 발생할 가능성이 가장 높은 시나리오에 대한 집중 토론을 바탕으로 대응 계획을 수립했다. 몇몇 연구에 의하면[12] 이때 이루어진 토론이 위기극복 과정에서 계획보다 훨씬 유용했다고 한다. 토론을 중심으로 한 계획 수립 과정에서, 석유 산업의 미래와 회사의 생존에 대한 관리자들의 인식을 한데 모을 수 있었기 때문이다. 불확실한 미래의 파도를 앞둔 관리자들이 토론을 통해 마음을 하나로 묶고 또 대책을 함께 학습했던 경험. 이는 실제 위기를 겪는 동안 매우 효과적인 조정 메커니즘으로 작용했다. 그리하여 위기 전보다 더 유리한 시장입지를 만들 수 있었다.

최고경영자를 포함한 대부분의 관리자가 갖고 있는 '통제의 환상' 역시 계획이 존재하는 이유 중 하나다. 통제의 환상은 명령, 규정, 절차에 의해 조직에 속한 개인 단위까지 통제가 가능한 시스템으로 바라보는 이른바 '기계적인 세계관'에 근거하고 있다. 대다수의 경영자는 조직 안의 개개인을 통제할 수 있다는 환상을 갖고 있고, 목표 달성을 위해 통제를 반드시 필요한 수단으로 보고 있다. 그러니까 통제의 수단으로 계획이 필요하다는 말이다. 계획이란 달성해야 할 목표와 절차, 때로 방법까지를 내포한 통제의 패키지이기 때문이다. 상급자의 통제가 없는 조직은 비효율적이고 조직은 통제를 바탕으로 존재할 수 있다는 전통적인 조직논리가 바로 이것이다.

전투를 앞둔 군대가 그 어느 조직보다 치밀한 작전 계획을 수립하는 것은 바로 계획의 통제기능 때문이다. 제2차 세계대전 때 프랑스 침공을 성공시켰던 '전격전Blitzkrieg' 계획의 주인공 프리츠 폰 만슈타인Friutz Erich von Manstein. 그는 연합국 측으로부터도 인정받는 제2차 세계대전 최고의 명장이다. 독일의 패배로 영광이 가려지긴 했지만, 그는 직접 지휘한 작전에서 단 한 번도 패배한 적이 없었다. 특히 소련 침공 당시 그가 지휘했던 크리미아 반도의 전략 요충지 세바스토폴 점령 작전은 전쟁사에 길이 남아 후학들의 참고가 될 정도다. 만슈타인의

프리츠 폰 만슈타인

뛰어난 능력은 그가 세우는 작전 계획의 치밀함으로 요약된다.

치밀한 작전 계획이 있다는 것은 수만에서 수십만의 거대 집단을 일사불란하게 움직이도록 하는 조직통제 능력이 높다는 말과 같다. 1960년대 우리나라가 경제개발 계획을 앞세워 큰 성과를 거둘 수 있었던 데에는, 이를 이끌었던 박정희 대통령의 군 장교 경력을 무시할 수 없을 것이다.

계획이란 작업이 우리 사회에서 반드시 존재해야 하는 가장 큰 이유는 보다 근본적인 데 있다. 인간이면 모두가 염원해 마지않는 '인간다운 사회 만들기'를 위해서다.

일제강점기를 마치고, 이후 고난과 발전이 뒤섞여 노도처럼 흘러온 우리나라 역사를 계획론적인 관점에서 살펴보면 매우 흥미로운 사실을 발견할 수 있다. '쫓아가기', '맞춰가기' 그리고 '미래 만들기'다. 이는 인간이 미래를 대하는 세 가지 방법[13]이라고 할 수 있다. 지나온 60여 년 우리 역사에는 미래에 대응하는 이 세 가지 방법이 축약적으로 무르녹아 있어 지구촌 후발 개도국들에게 훌륭한 교과서 노릇을 하고 있다.

해방 이후의 무질서와 6·25의 대혼란부터 민주화의 열기가 뜨겁던 1980년대까지, 혼돈의 진통을 겪어야 했던 역사 속에서 우리 사회는 위기가 닥쳤을 때 이를 대충 해결하고 넘어가는 '쫓아가기' 방식에 머물러 있었다. 어디로 어떻게 흘러갈지 미래에 대해서는 아무도 모르는 채, 당장의 와해위기만 모면하고 그저 쫓아가는 수준이었다. 물론 일부에서는 미래의 발전 양상을 미리 추정해보고, 이에 맞춰 목표를 세우고 그를 달성하려는 적극적인 노력도 있었다. 1960년대 이후 경제개발 5개년 계획 등 일련의 장기적인 계획을 세우고 이를 통하여 국가발전을 성취하려는 시도였다.

1980년대 이후 우리 사회는 2000년대를 내다보는, 장기 예측에 근거한 미래 사회를 설계했다. 이러한 '맞춰가기'는 오늘날 우리나라 산업 기반을 일구는 데 결정적인 기여를 했다. 하지만 '맞춰가기'는 그 한계가 분명했다. 제도의 획기적인 개혁이나 인간 가치의 근본 문제 개선 등에는 노력을 회피하는 몰가치적 경향을 보였던 것이다. 다시 말해 '맞춰가기'에 의한 계획은 사회 통제의 도구로 전락하기 쉬운, 진정한 진보를 위한 사회의 변화를 기대하기 힘든 방식이다.

'미래 만들기'는 곧 '미래 발명적 계획future inventive planning'을 의미한다. 이는 과거와 현재에 대한 추세를 예측하는 데 만족하지 않는다. 오히려 과거와 현재의 엄격한 성찰과 비판을 통하여 개인과 조직, 나아가 사회의 기본적 가치를 다시 세우려 노력하는 것이다. 그래서 '미래 만들기'는 가치 지향적이다.

미래학자 임길진 교수는 그의 저서 《미래를 향한 인간적 계획론》(1995)에서 이렇게 이야기했다.

> "미래 만들기는 인간적 가치를 바탕으로 현재의 구속적 조건을 대폭 수정하거나 제거하고, 과감한 제도적 개조를 통해 인간의 발전을 꾀하고 미래의 문제를 해결하고자 노력한다. 이것은 계획인간Homo Planus인 동시에 미래인간Homo Futurus인 우리의 창조적 잠재력을 최대한 발휘할 수 있게 한다. 우리가 창조적 인간Homo Creare인 까닭이 여기에 있다."[14]

불확실성 가득한 미래 앞에서 고뇌를 거듭하는 우리나라의 선도 기업들과 정부에게 중요한 의미를 제시하는 말이다.

이쯤 해서 스티브 잡스의 말이 다시금 떠오른다. 아이패드를 만든 이유를 인문학적 고민에서 찾았던 그는 "과거에는 사람들이 기술을 따라잡으려 애써왔지만 이제 반대로 기술이 사람을 찾아와야 한다"고 말했었다.

스캣을 촉발시키는 계획의 역할

'인간다움'을 향한 사회의 진보 그리고 '인간다움의 물질적 구현'을 위한 과거와 현재의 엄격한 성찰과 비판을 통해 새로운 미래 가치가 창조될 수 있다. 잊고 있던 인간을 위한 가치를 실현함으로써 산업의 지평까지를 바꿀 수 있는 '파괴적 혁신'이 일어날 수 있다. 경쟁자들의 움직임이나 산업계의 어제오늘만 쳐다보고 있어서는 누구도 따를 수 없는 시장 파괴적 신제품이 나오기 어렵다. 인간을 정면에서 바라보아야 한다.

국가나 기업에서 미래의 계획은 바로 '미래 만들기'가 되어야 한다. 다시 말해 '미래 발명적 계획'이 되어야 한다. 정확히 예측할 수 없는 미래를 위해 과거와 현재에 집착하지 말고, 결국은 미래에 구현될 인간을 위한 가치에 몰입해야 한다. 그것이 역사를 바꾸는 작업이 될 수 있다.

창조적인 스캣을 위해, 이제 '계획'은 어떤 역할을 할 수 있는가?

    때로 계획은 스캣이 할 수 있는 범위를 좁히는 역할을 하지만, 그럼에도 '미래 만들기'는 스캣과 더불어 계획의 힘을 빌리지 않고는 이루어질 수 없을 것이다. 먼저 미래에 구현해야 할 가치를 중심으로 설정된 분명한 목표(예: 고객을 위한 가치창조→노트북의 무게 50퍼센트 줄이기)가 있어야 한다. 또한 구성원 사이에 과업과 과업환경에 관련된 공감대가 형성되어야 하고, 함께 지켜나가야 할 작업규범 등 기본 계획이 설정되어 있어야 한다. 이러한 환경 아래, 전략적 유연성과 실행 부서의 자율성을 바탕으로 한 '실행 계획'은 창조적 스캣이 작동할 좋은 토양이 된다. 스캣을 촉발하기 위해 '계획'이 해야 할 구체적인 역할은 다음과 같다.

1. 다양성을 통합하는 가이드라인[15]

과업을 수행하는 데 분명한 목표와 데드라인을 부여했을 때 구성원은 오히려 창의적이 된다. 주어진 기간 내에 목표를 달성하고자 사전에 정해지지 않은 다양한 방법을 구사하게 되는 것이다. 이를 위해서는 구성원이 주어진 돈표와 데드라인을 수용하고, 한편으로는 구성원에게 실행방법의 자율성이 보장되어야 한다.[16]

많은 연구 결과, 다이내믹하고 변화가 잦은 신제품 개발 과정에서 목표와 데드라인이 공식적으로 주어졌을 때 개발팀의 유연성이 오히려 증가하는 현상이 발견되었다.[17] 이는 '계획'이 구체적인 실행방법까지 자세히 규정해가며 조직 구성원을 순응시키는 통제 도구로 사용되는 경우와 다른 양상이다.

재즈 즉흥연주에서 연주자들에게 미리 주어진 악보는 개개의 연주자들이 즉흥연주를 더욱 일사불란하고 신명 나게 할 수 있도록 만드는 열쇠다. 악보 그대로 연주해서는 즉흥연주가 이루어질 수 없지만 악보는 여전히 필수적인 도구다. 음악의 전체적인 멜로디와 분위기를 미리 그려놓은 밑그림이 바로 악보이기 때문이다. 악보가 없다면 어느 부분에서 즉흥을 시작하고 어떤 분위기로 음악을 끌고 갈지 연주자들은 도무지 알 수 없을 것이다. 악보는 즉흥연주의 '계획'이다. 이처럼 계획은 팀원들의 다양한 즉흥행동을 하나로 통합시키는 가이드라인의 역할을 한다. 물론 이는 계획이 전략적 유연성과 자율성을 충분히 보장했을 때의 이야기다.

과거에 성공할 수 있었던 핵심적 성공 요인을 지금의 시장에 그대로 적용하면서 발생하는 실패, 즉 '성공의 역습'은 지금까지 많은 연구자나 기업인들의 관심사가 되어왔다. '성공의 역습'이 일어나는 원인은 한 가지다. 바로 과거 핵심적인 성공 요인이 먹혔던 시장의 환경이 현재에는 크게 달라졌다는 점이다. 핵심 성공 요인을 새로운 시장과 신성장 산업에 적용할 때 이러한 사실은 더욱 명백해진다. 1980년대 IBM이 메인 프레임 컴퓨터 시장에서 세계를 지배할 수 있었던 핵심 성공 요인을 현재의 퍼스널 컴퓨터 시장에 그대로 적용한다면, 과연 어떤 상황이 발생할까? 제품의 실패는 물론 기업의 위상마저 급락하는 '성공의 역습'을 피할 수 없을 것이다. 그 이유는 간단하다. 메인 프레임 컴퓨터와 퍼스널 컴퓨터는 같은 컴퓨터긴 하지만 시장구조와 고객층은 물론 유통방법까지 전혀 다른 제품이기 때문이다.

계획 수립 과정은 '성공의 역습'을 막는 중요한 장치가 될 수 있다. 과거의 핵심 성공 요인이 지금의 시장 혹은 미래 시장에 적용 가능한지를 계획수립 과정에서 테스트할 수 있다는 의미다. 맥그래스R. G. McGrath, 맥밀란I. C. McMillian 교수는 과거 핵심 성공 요인의 가정을 찾아내고 이를 테스트하는 '발견 중심적 계획'의 활용을 적극 권하고 있다.[18] 요즘처럼 시장 변화가 격심한 상황에 또는 새로운 시장에 진입하려는 때에, 발견 중심적 계획은 실패를 막는 아주 유용한 방법이 될 수 있다.

'발견 중심적 계획'은 하나의 조직 학습 과정이다. 과거의 성공과 실패를 이끌었던 가정을 찾아내고 테스트한 결과를

'계획'이란 형태로 조직 전체에 알리고 구성원에게 학습시키는 일이다. 이러한 학습의 결과, 구성원은 스캣이 필요한 긴박한 상황에서 잘못된 의사결정을 방지하는 사고의 틀을 굳건히 할 수 있다. 이처럼 발견 중심적 계획은 전략 실행 과정에서 스캣의 시행착오를 줄일 수 있는 가이드라인이 된다.

2. 창의성에 불을 붙이는 불쏘시개

뢴트겐이 X선을 발견했던 사례처럼 스캣은 과업이 진행되면서 연속적인 스캣을 통해 목표를 달성하는 학습 과정이다. 두꺼운 마분지로 밀폐된 크룩스관에서 투과되어 나오는 정체 모를 선을 처음 목격한 뢴트겐이 이후 나무판과 헝겊, 금속판에 이어 아내에게 손을 쬐게 했던 과정은 연속적인 일련의 스캣, 그야말로 과학의 새 역사를 쓴 위대한 스캣이었다.

만일 '계획'이 달성해야 할 목표와 데드라인으로만 이루어져 있다면, 계획 실행 과정에서 자연스럽게 허용된 스캣 의사결정의 결과를 그때그때 즉각 반영할 수 있다면, 스캣의 성과는 더욱 커질 것이다. 앞서 이루어진 스캣의 결과가 반영된 계획은 지금의 스캣 재료가 된다는 뜻이다. 시장의 변화가 극심하여 전혀 예상치 못했던 상황의 도전이 거셀수록, 조직과 전략의 신속한 변화가 더욱 요구될수록, '계획'의 중요성은 더욱 커질 것이다. 일 년 전에 수립된 계획보다는 일주일 전에 수정된 계획의 정확도가 더 높기 때문이다.

한편 변화가 극심한 환경 탓에 신속한 대응이 필요할 때, 조직으로서는 대응에 필요한 자원을 결집할 충분한 시간이 없는 경우가 일반적이다. 특히 자금과 인력이 취약한 중소기업이라면 더욱 그러하다. 이런 때 '계획'은 앞서 설명한 브리꼴라주의 재료가 될 수 있다.

브리꼴라주란 '무엇이든지 당장 사용할 수 있는 것들을 가지고 일을 되도록 하는 것'이라는 의미다. 계획은 브리꼴라주를 하려는 사람에게 자금, 인력, 기술, 원자재 등 조직 내에서 당장 사용 가능한 자원들의 상세한 정보를 제공한다. 정보시스템 설치와 행정업무 자동화에 관한 연구에 의하면, 브리꼴라주 과정은 예상하지 못한 기회와 위협이 발생하는 탓에 본질적으로 스캣적일 수밖에 없다고 한다.[19]

이때 정보시스템 설치와 행정업무 자동화를 위한 계획 수립 과정에 공식적으로 참여한 사람은 계획 내 사용 가능한 자원들에 대해 더 많은 지식을 갖고 있으며, 따라서 브리꼴라주를 할 수 있는 역량도 더 높다는 것이다. 계획 수립 과정에 다양한 부서의 더 많은 사람을 참여시킨다면 계획의 정확성은 물론 조직 전체의 브리꼴라주 역량도 높아질 수 있다는 말이다.

반대로 계획 수립 과정이 일부 담당 부서에 집중되어 나머지 구성원에게는 일방적으로 공포하고 설득하는 형태라면, 당장 사용 가능한 자원에 관한 계획의 정확성이 떨어지는 것은 물론 브리꼴라주 역량도 낮아질 것이다. 이 점은 앞서 언급한 '맨 협곡 참사'의 중대한 원인이기도 했다.

결론적으로 보다 다양한 부서의 많은 사람이 참여한 계획은 구성원이 수행하는 브리꼴라주의 좋은 재료가 된다. 나아가 개개인의 스캣 능력을 향상시키는 데 도움이 될 것이다.

계획이 스캣을 이끌어내고 창의성의 불을 붙이는 불쏘시개가 될 때, 알 수 없는 미래를 이기는 힘은 배가 된다.

불확실성의 경영 전략

기업인들이 경영전략에 관해 가지고 있는 가장 보편적인 고정관념은 '경영목표와 이를 실현할 전략을 먼저 수립한 다음, 이에 따라 기업 구성원 모두를 일사불란하게 움직이도록 한다'는 것이다. 경영전략에 관한 서적을 살펴봐도 대부분 이런 틀을 크게 벗어나 있지 않다. 이를테면 장·단기 경영목표를 설정한 후, 경영환경 분석과 기업역량 평가를 하고, 이를 토대로 전략을 수립해 전략의 실행과 피드백이 뒤따르도록 한다는 식이다.

혁신해법에도 혁신이 필요하다. 생각을 더욱 넓게 멀리 확장해야 한다. 이때는 한의학자이며 단학의 선도자 봉우 권태훈의 《봉우수단기》에 나온, 다음과 같은 말의 의미를 가슴에 새겨야 한다.

> "가고 가고 가다 보면 알게 되고, 행하고 행하며 행하다 보면 깨닫게 된다 去去去中知 行行行理覺"

고대로부터 현대까지 동서양을 불문하고 어떤 전쟁사를 들추어봐도, 사전에 설정된 전략 없이 전투에 임했다는 예는 찾아보기가 어렵다. 큼지막한 지도를 펼쳐놓고, 적군의 위치에 따라 아군 부대를 배치하고 전략을 결정한 다음, 부대별로 전투에 돌입하도록 명령을 하달하는 것. 대부분 전쟁 영화에서 쉽게 찾아볼 수 있는 장면이다.

전략을 결정하기에 앞서 앞으로 펼쳐질 상황에 대한 정확한 예측을 바탕으로 최선의 전략을 선택하는 일. 이는 역사 이래 군대 지휘관이나 최고경영자 등 모든 리더의 강박관념이었다. 성공한 리더와 실패한 리더는 최선의 선택을 앞두고 결단력이 얼마나 있느냐에 따라 나뉘었다. 선택을 하는 것은 어려운 일이 아니다. 최선의 것을 선택하는 일이 어려울 뿐이다. 이는 의사결정자의 정확한 예측 능력에 달려 있다. 스마트한 리더와 우둔한 리더의 운명은 여기서 갈린다. 전략에서 '유일한 최고의 방법One Best Way'[20]을 선택하는 것은 지휘관과 최고경영자, 더불어 국가원수의 역량을 평가하는 잣대가 되어왔다. 또한 최선이라고 믿어지는 기업 수준의 전략이 결정되면, 이를 바탕으로 조직 내에 전략적 일관성과 구체성을 가지고 인원을 설정하는 것이 실행력을 증대시키고 조직역량의 손실을 막는 가장 효과적인 방법이라 믿어졌다.

1930년대에 프레드릭 테일러Frederick W. Tayler의 '과학적 관리' 개념이 등장하여 세계적으로 생산성 혁명을 일으켰다. 작업에 관한 아무런 연구나 체계적인 훈련 없이 기술자들이 도제제도에 의해 비공식적으로 전수되던 당시 산업현장에서, 이는 가히 혁명과도 같았다.

과학적 관리의 관점에서 조직설계는 명료한 경영목표, 철저한 분업체계, 구체적으로 정의된 과업, 분명한 위계구조, 공식화된 통제시스템을 기본 전제로 한다. 이것은 일찍이 막스 베버Max Weber가 말한 '기계적 관료제machine-like bureaucracy'[21]의 이상형에 가까운 형태다.

전략기획은 계획개념을 중심으로 시스템적인 입안 과정, 가능한 모든 영향변수를 사전에 고려한 짜임새 있는 전략, 이를 충실하게 이행하는 전략 실행체계의 수립을 핵심으로 한다. 이것이 앞서 말한 '유일한 최고의 방법 One Best Way' 이념의 배경이고, 오늘날까지 대부분의 최고경영자가 최선이라 믿는 것이다.

우리는 과학적인 것은 좋은 것이라고 생각한다. '과학적'이란 말은 무조건 좋고 적어도 잘못된 것은 아니며, 반면에 비과학적인 것은 시대에 뒤떨어진다고 생각한다. 지난 세기를 관통하여 거의 종교적 수준에까지 이른 우리의 신념이다. 동서양을 막론하고 이러한 현상은 아마도 기성 학교 교육에 의해 주입된 결과가 아닌가 생각된다.

그렇다면 어떤 것이 '과학적인 것'일까? 테일러 시대의 과학적인 것과 현재의 과학적인 것은 과연 같은 것일까?

아인슈타인의 상대성 혁명 이래, 과학은 시간과 공간의 변화에 따라 전개되는 현상들의 본질이 다르다는 것을 충분히 입증했다. 과학에서 먼저 주목할 부분은 어떤 현상 안에 내재된 특성의 숨어 있는 배경이다. 이 같은 '상황성의 수용'은 특히 예술가에게 정형화된 양식을 벗어난 무한한 표현의 자유를 제공했다.

다시 한 번 질문하자면, 도대체 어떤 것이 과학적인가? 테일러 시대에 과학적인 것과 오늘날 우리의 과학적인 것은 같은 종류인가? 그렇다고 대답할 사람은 없을 것이다.

현재 상황을 인정하지 않고 정확한 예측과 철저한 계산에 의한 전략기획, 일사불란한 실행만을 신봉하는 대다수의 최고경영자를 '유일한 최고의 방법' 강박증 환자라고 하는 이유가 여기 있다.

제31차 세계잡지협회 총회에서 루퍼트 머독Rupert Murdoch 뉴스코퍼레이션 회장은 '21세기를 향한 도전'이란 주제의 연설에서 다음과 같이 말했다.

> "지금은 누구도 미래를 예측할 수는 없다. 그러나 이 불확실성이야말로 최대의 도전이자 기회다. 지금껏 존재하지 않았던 기회를 재빨리 포착하여 사업화할 수 있는 자만이 미래의 승자라고 말씀드리고 싶다. 신속한 행동과 혁신의 정신을 갖추어야 한다."[22]

피터 드러커는 그의 명저 《단절의 시대The Age of Discontimuity》에서 "미래는 어떤 모습일까?"라고 질문하는 대신 이렇게 질문한다.

"미래를 만들기 위해 지금 우리가 해야 할 일은 무엇인가?"[23]

단절된 과거로부터 미래를 예측하는 것은 부질없는 일이다. 이미 도래한 지식사회의 변화 주도자로서, 우리 앞에 존재할 것은 우리가 만드는 미래일 뿐이다. 피터 드러커의 의미는 그러했을 것이다.

스탠퍼드 대학교의 직관력 있는 경영전략이론가 캐슬린 에이센하트Kathleen M. Eisenhardt는 시장의 변화속도가 빠른 (그의 말을 빌리자면) '고속 환경high-velocity environment'의 컴퓨터 산업에 대한 사례연구에서 다음과 같은 표현을 했다.

> "구체적이지 않은 비전 수준의 사업 계획을 가지고, 시장의 변화를 늘 눈여겨보면서, 지금 당장 목격되는 실시간 정보를 더 많이 활용하는 기업일수록 전략적 의사결정의 속도가 빠르기 마련이다. 또한 빠른 의사결정은 그렇지 않은 기업보다 높은 성과를 가져온다."[24]

그로부터 20년이 지난 현재는 어떠한가. 컴퓨터 산업뿐 아니라 거의 모든 산업이 고속 환경, 요즘 용어로 하자면 변화의 속도가 무섭도록 빠르고 불확실성이 가득 찬 신경제new economy

의 세계로 진화하여 그 연구 성과의 의미를 더해주고 있다. 경영자들은 예측불허의 변화에 재빠르게 대응할 준비를 늘 하고 있어야만 한다.

결국 기업의 생존 여부를 결정지을 힘은 고공을 날며 사냥감을 찾는 독수리의 정확한 눈과 전광석화 같은 속도, 아메바와 같은 유연성일 것이다. 이 같은 조직체질의 강화가 불확실성을 경영 전략으로 활용할 수 있는 첫 번째 명제다.

창의적 체질을 갖춰라

루이스 캐롤Lewis Carroll의 《거울나라의 앨리스Alice through the looking glass》[25]에서, 앨리스는 사람들 모두 쉴 틈 없이 달리고 있는 붉은 여왕의 나라에 도착한다.

붉은 여왕의 나라에서는 땅이 빠른 속도로 뒤로 움직이기 때문에, 가만히 서 있다 보면 금세 뒤처지고 만다. 그래서 주변에 펼쳐지는 풍경을 제대로 보려면 움직이는 속도에 맞춰 반대방향으로 끊임없이 뛰어야 하고, 이어지는 다음 풍경을 보려면 적어도 두 배는 빨리 뛰어야 한다. 고무판이 빠른 속도로 움직이는 러닝머신 위에서처럼 말이다.

기업의 세계도 붉은 여왕의 나라와 다름없다. 뛰고 있는 경쟁자들 속에서 현재의 자리를 지키려면 한시도 쉬지 않고 뛰어야 하며, 조금이라도 앞서 나가길 원한다면 더욱 죽을힘을 다해서 달려야 한다.

국가나 기업 최고경영자들의 취임 인터뷰를 보면 '전장에 나가는 지휘관 같은' 비장한 분위기가 느껴지곤 한다. 안목 있는 최고경영자 중에는 TQM_{Total Quality Management}이나 리스트럭처링, 리엔지니어링, 고객만족, 핵심역량, 가치혁신 등 시대에 따라 새롭게 개발된 혁신기법들에 관심을 기울이는 이가 적지 않다. 그들은 벤치마킹이나 BPR_{Best Practice Replication}이란 과정적 기법들을 적극적으로 활용하고 있다. 이 경영기법들은 조직을 단단히 아우르는 한편 시급히 해결할 당면과제를 잔뜩 안고 있는 경영자 입장에서 여러모로 요긴한 신무기다. 조직을 실제로 혁신할 필요도 물론 있을 것이다. 그렇지만 리더로서 변화추구 자체가 갖는 혁신적 이미지를 구축하고 혁신 경영이념을 설정하여 리더십을 강화[26]하는 것도 대부분의 경영자가 간절히 원하는 부분일 것이다.

이러한 경영자들의 수요에 편승하여 신경영기법 이론가들은 예나 지금이나 목소리 높여 설파하곤 한다. (주로 특정 기업 현장에서 경험적으로 얻어진 것이지만) 자신들이 창안한 신경영기법을 마치 종교적 신념처럼 과장되게 선전하는 것이다. 그들이 자신의 책이나 신문 인터뷰 기사에서 즐겨 쓰던 명령형 혹은 선동형 어법을 기억해보자. '뒤떨어진 근면보다는 차라리 나태한 창의력을 택하라!' 라든지 '일어나라! 혁명을 일으키라!' 같은 경영기법 구호들. 기업인과 독자를 향한 이런 설득 커뮤니케이션은 매우 효과적이었고, 이론가들은 스스로 비즈니스 전도사가 되어 자신들의 영향력을 거침없이 넓혀나갔다.

문제라면, 훌륭하게 포장된 신경영기법을 조직에 도입했다고 해서 모든 기업이 승자가 될 수는 없다는 사실이다. 왜 그럴까?

1980년대 이후 뭔가 이슈가 생길 때마다 세계적으로 유행했던 각종 신경영기법을, 경영자들은 거의 무분별하게 채택하곤 했다. 그러나 이것이 바람직하지만은 않았다. 경영자들은 자신들 특유의 문제에 대해 창의적인 해결방법을 스스로 모색하는 대신, 남이 만들어준 기성품 답안에 충실히 의존했던 것이다. 신경영기법이 나름대로 처방해주는 전략목표가 있긴 하지만, 최선의 전략 실행을 위해서는 시시각각 현장에서 요구하는 여러 가지 판단과 잡다한 의사결정을 피할 수 없다. 이론가들이 장황하게 소개한 책이나 이론서에, 특정 기업만이 가진 문제적 상황을 충족시킬 방법이 있을 리 없는 것이다.

기업들은 혁신을 위해서 이와 같은 신경영기법을 도입한다. 그러나 이게 제대로 실행되는 것인지, 기업 특유의 상황적 문제를 창의적으로 해결하는 진짜 혁신이 일어나고 있는 것인지 감히 확신할 수 없다는 이야기다. 모범답안을 무조건 외우는 방식으로 수학 공부를 일관해온 학생이, 실제 수학 시험에서 예기치 못한 유형의 문제가 나왔을 때 진땀을 흘리는 것과 비슷한 상황이라 하겠다. 정답은 우리 모두 알고 있다. 힘이 들더라도 혼자서 실마리를 찾아 해결의 경험을 축적해야 한다는 것 말이다.

기업 역시 해결해야 할 과제가 있다면 (이론가들의 충고나 다른 기업의 사례를 두루 참고하되) 스스로의 해법을 찾는 성공 경험을 축적해야 한다. 창의적 제도만 옮겨놓은 조직이 아니라 창의적 체질을 갖춘 기업으로 전환해야 한다. 기업 현장에 관해 탁월한 직관력을 가진 노리아Nitin Nohria와 버클리James D. Berkley 교수는 GE의 사례를 통하여 이 점을 강조하고 있다.[27]

1980년대 후반 GE는 일본에서 창안되어 세계적으로 알려진 '퀄리티 서클Quality Circle'을 도입하여 각종 제품의 품질을 획기적으로 개선하고자 했다. 퀄리티 서클은 종업원들을 소그룹에 격리 소속시켜 주어진 과업을 그룹별로 책임지고 수행하게 하는 것이다. 이때 주요한 업무 방향은 상위의 소수 경영자가 결정하는, 전형적인 톱다운 형태로 이루어진다.

퀄리티 서클을 도입한 직후, 최고경영자 잭 웰치는 이 제도가 품질개선에 매우 효과적인 방법이긴 하지만 미국에서는 실행하는 데 심각한 문제가 있음을 일찍이 간파한다. 혁신에 필수적인 조직 내 종업원 간의 신뢰구축이 어렵고, 무엇보다 새로운 발상에 저항하는 중간관리자와 상위관리자들을 통제하기 어렵다는 점 때문이었다.

그리하여 1989년 잭 웰치는 구성원 간 의사소통을 강조하고, 덜 구체적이며, 자유재량이 많이 부여된 'GE 워크아웃 프로그램'으로 그 제도를 대체하기 시작한다. GE가 자체 개발한 이 제도는 퀄리티 서클 제도의 취지는 살리되 실행방식에서 미국의 조직문화와 GE의 상황을 충분히 반영한 것이었다. 잭 웰치의 워크아웃 프로그램은 크게 성공했다. 철저히 성과중심으로 운영되었기 때문이다. 소그룹이 아닌 공동체 성격의 타운미팅을 통해 급진적인 새로운 제안이 쏟아졌고, 각급 경영자들은 즉각적인 응답을 하도록 의무화했다. 심지어 기존의 특정 업무 과정을 전부 뜯어고치는 데 하루도 걸리지 않았다. 이 방식은 후에 다른 사람들에 의해 리엔지니어링_{Business Process Reengineering}으로 포장되어 전 세계에 알려졌다.

GE와 함께 기업혁신의 양대 산맥으로 일컬어지는 도요타.

도요타는 세계 자동차 산업의 격심한 부침 속에서도 끊임없는 변화의 노력을 통해 독특한 노하우를 획득했고 그로써 성공을 거듭했다. 또한 세계의 많은 기업과 연구자들에게 노하우를 아낌없이 공개해왔다. 최근 글로벌 리콜 사태로 말미암은 품질의 위기와 이어지는 신뢰·경영의 위기 등 도요타의 추락에 많은 사람이 손가락질하고 있는 것은 사실이다. 하지만 도요타는 분명 한 시대를 이끈 기업의 모델이었으며, 특히 우리 한국 기업들로서는 여전히 배울 점이 많은 기업이다. 도요타는 자기들만의 변화와 혁신 방식을 만들 역량이 있었고, 그 역량은 지난 수십 년간 세계 기업들의 교과서가 되어왔다. JIT_{Just In Time}, 안돈(문제 발생을 알리는 표시등), 포카요케(실수 사전방지) 등 도요타에서 사용되는 다양한 용어들이 세계에서도 그대로 통용되고 있음은 이미 잘 알려진 사실이다.

　도요타의 혁신은 당연히 많은 컨설팅 기업과 덕분에 유명해진 몇몇 저술가들을 거쳐 무수한 기업에 전수되었다. 그렇지만 주목해야 할 사실은 도요타의 생산방식을 도입하여 도요타에 맞설 만큼 성공한 기업은 아직 없다는 점이다. 생산방식을 개선하여 일시적인 효과를 거둔 기업은 물론 많았지만 더는 좋아지지 않았다. 특히 도요타 혁신의 핵심인 '구성원 스스로에 의한 자주적인 개선노력'은 전혀 뿌리를 내리지 못하는 경우가 대부분이었다. 도요타 혁신을 오랫동안 연구해온 시바다 마사하루와 가네다 히데하루는 그 이유에 대해 다음과 같이 말했다.

> "도요타의 생산방식은 과거 50년에 걸친 노력의 대가로 자연스럽게 키워진 것이다. 그렇기 때문에 한 번도 그것이 문서화된 적이 없으며 도요타의 직원조차 그것에 관해 논리 정연하게 설명하지 못하는 경우가 많다. 도요타는 특별히 지시하지 않아도 사원들이 자발적으로 움직이며 (상식을 초월한) 성과를 올리려는 힘이 끝없이 분출되고 있다."[28]

"인간의 뇌는 곤란을 느끼지 않는 한 지혜를 짜내지 않는다." 도요타 생산방식의 창시자 오오노 다이이치가 했던 말이다. 숨어 있는 문제를 미루지 않고 당장 그 자리에서 드러내놓아 현장에 혼란을 일으킨다. 그리고 어떻게 해서든 지혜를 짜내어 그것을 해결하고자 모든 사람이 골머리를 앓는 상황으로 내몬다. 그것만이 구성원을 가장 창의적으로 만든다고 그는 확신했다. 결함이 발생하면 가동률이 떨어지더라도 생산라인을 일단 멈추고, 그 자리에서 신속하게 고친 다음, 다시 라인을 가동하는 도요타의 개선방식이 바로 그러했다.

GE의 워크아웃 프로그램이나 도요타 생산방식은 현장에서 필요에 의해 탄생한 스캣의 덩어리다. 현장 상황을 분석하여, 적합한 해결책을 창안한 뒤 적용해보고, 적용 과정에서 경험하고 학습한 결과 미진하거나 추가적인 문제가 있으면 다시 개선 방법을 창안하는, 창조적 문제해결 과정을 반복하여 얻어진 방식인 것이다. 한 단계 한 단계 진전되는 과정에서 신속하고 창의적인 아이디어가 요구되고, 창조된다. 당연한 소리 같지만 GE나 도요타의 혁신기법은 책에서 나온 것이 아니라, 현장에서 만들어져 후에 책으로 정리된 경영기법이다.

GE의 잭 웰치를 포함하여 도요타의 쵸 흐지오, 월마트의 리 스콧 주니어H.Lee Scott, Jr. 같은 경영자들은 자기 기업의 성공과 실패의 역사, 강점과 약점, 보유한 유형자산과 인적 자산의 양·질적 수준을 누구보다도 정확하게 꿰뚫고 있었다. 현재 어떠한 전략적 행동이 가능한지, 현재의 역량으로 실현 가능한 목표가 무엇인지를 현실성 있게 파악했다. 한 시대의 성공을 이끌었던 경영방식과 제품도 상황이 바뀌면 재평가를 거쳐 변화되거나 폐기되기 마련이다. 그들은 이러한 진리를 누구보다 잘 아는 경영자들이었다.

또한 그들은 '일을 되도록 만드는' 명수들이었다. 주어진 시점과 상황에서 인력, 재원, 기술, 설비 등을 얼마나 사용할 수 있는지, 어떻게 하면 그것들을 더 많이 한군데에 모을 수 있는지 알고 있었다. 지금 당장 사용할 수 없는 것들을 아쉬워하며 시간을 낭비하는 대신, 당장 손안에 있는 것을 최대한 사용해서 최선의 해법을 찾는 사람들이었다. 늦은 밤 예고도 없이 손님이 방문했을 때 냉장고에 굴러다니는 재료만을 가지고 그럴듯한 요리를 빠르게 내놓는 주부처럼, 집 마당에 쌓여 있는 나무토막만으로 그럴듯한 가구를 뚝딱 만들어내는 시골 목수처럼 그들은 스캣의 달인들이었다.

비전이 있는 최고경영자는 (새로운 경영 패러다임이 있건 없건) 조직을 어떻게 긴장시키는지 잘 알고 있다. 능력이 있는 경영자는 (선언을 앞세우기보다) 상시로 시스템을 개선하고 실현 가능한 해법을 찾기 위해 조직이 가진 모든 힘을 쏟아 붓는다. 그리고 오로지 성과로만 평가받는다. 창의적인 경영자는 (창의성 이론의 대가가 아니라) 틀에 얽매이지 않고 독창적인 상황 타개책을 스스로 이끌어내는 사람들이다.

이론과 사례 연구가 문제점을 짚어줄 수는 있으나 해답은 결코 주지 못한다. 자신이 맞닥뜨린 문제의 해답은 스스로 찾을 수밖에 없다. 자신의 조직이 당면한 특유의 상황과 문제점에 집중하고, 이를 연속적인 스캣을 통하여 창의적으로 해결하도록 노력하자. 그것이 새로운 경영혁신기법을 스스로 발견하는 첫걸음이다. 바로 그것이 제대로 된 혁신이고 경영활동의 본질이다.

에 | 필 | 로 | 그

삶은 스캣의 연속이다

〈피아니스트의 전설The Legend of 1900〉은 여객선 버지니아 호에 버려져 한평생을 배 안에서 살다 간 천재 피아니스트 나인틴 헌드레드(1900)의 삶을 그린 영화다. 피아노를 배울 수도 배운 적도 없었던 그의 연주는 모두 스캣적인 창작이었고, 그 스캣의 바탕은 청중과 상상력이었다. 그는 88개의 건반으로 세상의 모든 것을 표현하는 스캣 연주의 명인이었다. 재즈의 창시자인 젤리 롤 모튼Jelly Roll Morton과 스캣 연주 실력을 겨룰 정도였으니까.

주인공인 나인틴 헌드레드의 일생은 그의 음악이 그렇듯 스캣에 가까웠다. 그의 이름부터가 스캣이었는데 그를 처음 발견한 석탄운반부 데니가 붙여준 것이다. 육지에 내리려다 한순간에 포기했던 것처럼, 그는 삶의 모든 상황을 연주하듯 결정하고 행동한다. 좁은 배 안에서의 삶이지만 어떤 틀에도 구속받지 않는 스캣 연주의 자유로움. 스캣은 나인틴 헌드레드

〈피아니스트의 전설〉 포스터

의 삶 자체였다.

어느 날 트럼펫 연주자 맥스가 나인틴 헌드레드에게 묻는다.

"너는 도대체 어떻게 음악을 만드니?"

그러자 그는 선상을 오가는 손님 한 명을 가리키며 말했다.

"저 사람은 분명히 이러이러한 사람일 거야. 이 곡의 느낌과 딱 들어맞는다고 생각하지 않아?"

그러면서 하나의 곡을 연주하기 시작했다. 작곡과 동시에 연주를 하는 것이었다. 영화 〈피아니스트의 전설〉은 '인생은 바다 위를 떠도는 배처럼 끝없는 여행이고 흐르는 물과도 같다'는 메시지를 전달한다. 재즈와 같은 삶을 살았던 나인틴 헌드레드는 어떻게 그토록 자유롭고 창의적일 수 있었을까?

삶은 스캣의 연속이다. 아침 출근길에 집을 나와 직장으로 가는 길은 늘 정해져 있다. 그러나 사무실 책상에 앉기까지 어떤 일이 일어날지 아무도 알지 못한다. 예기치 않게 차가 막혀 갑자기 차선을 바꿀 수도 있고, 평소와 달리 노란색 신호등에서 급히 사거리를 지나다가 교통경찰을 만날 수도 있다. 때로는 별 이유 없이 평소와 다른 길로 돌아서 갈 때도 있다. 이 모두, 도로 상황에 맞춰 적절한 선택을 해야만 하는 우리 일상의 모습이다. 사전에 목표로 삼고 결정된 선택이 절대 아니다. 예측 불가능한 상황에 대해 즉각적으로 대응하는 스캣인 것이다.

타인과의 '대화'도 마찬가지다. 연극에서처럼 사전에 정해진 대사를 외워 읽는 것이 아니라 상대방의 말과 상황에 따라 적절한 대응을 한다. 나아가 연극도 그렇고 여타 공연예술도 마찬가지다. 사전에 정해진 대본에 따라가긴 하지만, 객석의 반응과 무대 분위기에 따라 얼마든지 창조적인 스캣이 나올 수 있다. 무대와 객석이 완벽한 호흡에 이르는 몰입의 경지, 삶의 무대와의 '인터플레이interplay'야말로 인간이 사는 세상의 본질일 것이다.

이번에는 다른 이야기를 해보자. 불세출의 전략가 제갈량이 오장원에서 죽음이 임박했을 때의 일화도 너무나 유명하다.

제갈량의 초상화

그는 자신이 죽은 뒤 용장 위연이 배신할 것을 예측하고는 '충직하지만 위연과 맞서서 이길 수는 없는' 양의와 마대에게 서로가 모르도록 비밀리에 비단주머니에 싼 계책을 내린다. 그가 죽자 예측대로 위연이 배신했고, 위연이 방심하는 상황에서 (물론 죽은 제갈량에 의해 의도적으로 만들어진 것이지만) 마대가 처단한다. 소위 '금낭계'라 일컬어지는 이 계책은 누구도 흉내 낼 수 없는 제갈량의 천재성을 다시 한 번 보여주었다. 제갈량의 예측력과 인물에 대한 판단력, 약자로 하여금 강자를 쉽게 이기도록 돕는 상황조성 능력은 그야말로 '신기묘산'의 경지로 보인다. 수하의 장수들은 물론 상전인 유비에게까지 제갈량이 요구했던 것은 그가 정해준 역할을 충실히 수행하는 한 가지뿐이었다. 그 외에 어떠한 변화나 유연성이 필요 없을 정도로 그의 예측력과 전략 선택은 정확했다.

스캣의 천재 나인틴 헌드레드와 예측·계획의 천재 제갈량. 서로 극단적으로 대조되는 이들 인물상 중에서, 현재의 '나'와 더 비슷한 쪽은 어디인가? 앞으로 일어날 모든 상황을 정확히 예측하여 한 치의 빈틈도 없이 처리해나가는 제갈량보다는, 앞을 알 수 없는 미래로부터 밀어닥치는 일들을 그때그때 용감하게 헤쳐나가는 나인틴 헌드레드에 더 가깝다는 이들이 훨씬 많을 것이다.

살면서 예측 못 한 상황을 피할 수 없듯, 예측 못 한 상황에 대처하는 스캣 또한 피할 수 없는 삶의 일부다. 문제라면 얼마나 적절하게 그 기술을 활용할 수 있느냐일 뿐이다.

우리는 모두 하루도 빠짐없이 스캣하며 살아가고 있다. 스캣 없이는 살 수 없다. 그런데도 보다 나은 스캣 기술을 익히는 데에는 아직 인색한 것 같다. 사람들이 모여 움직이는 기업도 마찬가지다. 아직 연마되지 않은 다이아몬드처럼 귀한 스캣 잠재력이 그냥 내버려져 있지는 않는가? 격동하는 경영환경에서 창의적인 스캣의 위력을 발휘하기 위해서는 무엇부터 해야 할까? 통찰력 있는 최고경영자라면 이 책을 통해 이미 답을 얻었을 것이다.

| 주 | 석 |

프롤로그

1) 엄광용, 에피소드로 본 고 정주영 회장 라이프스토리, 2001년 5월호(통권 500호), 신동아.

CHAPTER 1

1) 한국일보, 2011년 1월 13일 자.
2) Kao, John, "The art and discipline of business creativity," Strategy & Leadership, 25, 1997, pp. 6-11.
3) '윤종용 고문이 털어놓은 삼성전자 CEO 12년,' 2010년 2월 20일 자 조선일보 Weekly Biz.
4) '윤종용 고문이 털어놓은 삼성전자 CEO 12년,' 2010년 2월 20일 자 조선일보 Weekly Biz.
5) 백필규, 지식창조자 육성방안, 삼성경제연구소, 1999년 7월 1일.
6) 이진희, 벤처스타열전, 주간한국, 2000년 3월 22일.

CHAPTER 2

1) 진주만 공습 이후 충천한 일본의 사기를 꺾고 침체한 미군의 자존심을 북돋우기 위해 극비리에 계획된 최초의 일본 본토 폭격작전임. 두리틀(James Harold Doolittle) 중령의 폭격대는 1942년 4월 18일 항공모함 호

넷에서 B-25 중폭격기 16대로 출격하여 도쿄, 고베, 나고야, 요코하마에 위치한 목표물에 대해 임무를 완수하고 항속거리의 문제로 중국으로 귀환했다. 실제 이 폭격작전은 별다른 피해는 주지 못하였으나 일본 국민에게 대단한 심리적 충격을 주었다.
2) 존 키건, 2차세계대전사, 류한수 역, 청어람미디어, 2007년, 권주혁, 핸더슨 비행장, 지식산업사, 2001.
3) 오늘날 이라크의 모술 근처.
4) Business Week, August 21-28, 2000, p. 40.
5) 조지 루카스 감독의 영화 '스타워즈' 시리즈에 등장하는 '마스터 요다(Yoda)'. 어둠의 세력에 맞서는 제다이 전사들을 길러낸 스승이자 제다이들이 혼란과 두려움에 사로잡힐 때마다 길을 밝혀주는 등불과 같은 존재임.

CHAPTER 3

1) Tricia Wachtendorf, Improvising 9/11: Organizational Improvisation Following The World Trade Center Disaster, Ph.D Dissertation, 2004, University of Delaware, p. 178.
2) Amabile, T. M., "Entrepreneurial Creativity through Motivational Strategy," Journal of Creative Behavior, Volume 31, No 1, 1997, pp. 18-26.
3) Getzels, J. W. and P. W. Jackson, Creativity and Intelligence: Exploration with Gifted Students, New York: Wiley, 1962.
4) MacKinnon, Douglas W., In Search of Human Effectiveness: Identifying and Developing Creativity, New York: Creative Education Foundation, 1978.
5) Guilford, J. P., "Creativity Research: Past, Present and Future," in Scott G. Isaksen, ed., Frontiers of Creativity Research, New York: Bearly Press, 1987, p. 47.
6) 알란 로빈슨, 샘 스턴, 기업의 창의력 - 혁신과 개선은 실제로 어떻게 일

어나는가?, 장재윤 외 역, 지식공작소, 1999, p. 107.
7) 알란 로빈슨, 샘 스턴, 기업의 창의력 - 혁신과 개선은 실제로 어떻게 일어나는가?, 장재윤 외 역, 지식공작소, 1999, p. 20.
8) E. Paul Torrance, Surviving Emergencies and Extreme Conditions: A Summary of Six Years of Research(미 공군 인사 및 훈련연구센터에서 생존훈련을 위해 준비한 미발간 논문), Washington D.C.: U.S. Air Force, 1959.
9) Bruner, Jerome, In Search of Mind, New York: Harper.
10) Sabourin, Randy and Robin Pratt, "Attentional and Interpersonal Characteristics of Improvisation Professionals vs. Business Executives," Business Improvisation, http://biz-improv.com/wordpress/?p=14, February, 2008.
6) Taylor, R. N. and M. D. Dunnette, "Influence of Dogmatism, Risk-Taking Propensity, and Intelligence on Decision-Making Strategies for a Sample of Industrial Managers," Journal of Applied Psychology, August, 1974, pp. 420-423.
7) 이 사례는 아래의 논문에서 인용함.
Moorman, Christine and Ann S. Miner, "The Convergence of Planning and Execution: Improvisation in New Product Developmenla" Journal of Marketing, Vol. 62(July), 1998. pp. 1-20.
8) Moorman, Christine and Ann S. Miner, "The Convergence of Planning and Execution: Improvisation in New Product Development," Journal of Marketing, Vol. 62(July), 1998. pp. 1-20.
9) Dougherty, Deborah, "Interpretive Barriers to Successful Product Innovation in Large Firms," Organization Science, 3(May), 1992, pp. 179-202.
10) 대표적인 학자로 Henry Mintzberg, Christine Moorman, Richard T. Pascale, Richard P. Rumelt를 들 수 있다.
11) 지그 지글러, 당신에게 사겠습니다, 안진환 역, 김영사, 2005, p. 7.
12) 김진형, 이승호, 최명용, 한국의 세일즈 명인, 기획출판 거름, 2005, p. 6.

13) 안나 살로비에바, 스타니슬랍스키의 삶과 예술, 김태훈 편역, 태학사, 1999, pp. 403-405.
14) 세르게이비치 스타니슬랍스키, 스타니슬랍스키 역할창조, 김균형 역, 소망출판, 2002, p. 249.
15) 앞에서 인용한 Wachtendorf(2004)의 연구에서는 즉흥방법을 분류하는 기준 없이 9·11 세계무역센터 재난복구라는 특정상황에 맞추어 재생산즉흥(reproductive improvisation), 적응즉흥(adaptive improvisation), 창조즉흥(creative improvisation) 세 가지로 분류하였는데, 본서에서는 분류기준에 따라 즉흥방법의 일반화를 시도한 것임.
16) William Crookes(1832-1891)가 고안한 것으로, 유리 진공관 양쪽에 음극과 양극을 꽂고 전류를 흘리면 음극선이 유리벽에 부딪쳐 형광 빛을 내게 한 장치. 개량형 크룩스관은 진공관 유리벽 일부에 알루미늄박으로 만든 창을 내 음극선이 이 창으로 통과하도록 한 장치. 음극선이 유리는 통과할 수 없으나 알루미늄은 통과한다는 원리에 착안함.
17) 대한상공회의소, 중국인의 상관습과 협상요령, 1996, p. 42.
18) 대표적으로 Norman Maclean(1992)의 유명한 다큐멘터리 'Young Men and Fire'와 Karl Weick이 1993년 Administrative Science Quarterly(38, 628-652)에 게재한 논문이 있음.
19) 전자의 정의는, Levi-Strauss, C. (1967) The Savage Mind, Chicago, IL: University of Chicago Press. 후자의 정의는, Baker, T. and Nelson, R. E. (2005) "Creating Something from Nothing: Resource Construction through Entrepreneurial Bricolage," Administrative Science Quarterly 50: 329–66을 참조함.
20) Baker, Ted, Anne S. Miner, and Dale T. Eesley, "Improvising firms: bricolage, account giving and improvisational competencies in the founding process," Research Policy, 32, 2003, pp. 255-276.
21) Baker, Ted and Reed E. Nelson, "Creating Something from Nothing: Resource Construction through Entrepreneurial Bricolage," Administrative Science Quarterly, 50, 2005, pp. 329-366.
22) 1999년 5월 17일 자, 매일경제.

23) 2011년 4월 30일 자, 연합뉴스.
24) Leonard-Barton, Dorothy, Wellsprings of Knowledge: Building and Sustaining the Sources of Innovation, 1995, Boston: Harvard Business Press.
25) Iansiti, Marco, "Real-World R&D: Jumping the Product Generation Gap," Harvard Business Review, 71(3), 1993, pp. 138-147.
26) Madhavan, Ravindranath and Rajiv Grover, "From Embedded Knowledge to Embodied Knowledge: New Product Development as Knowledge Management," Journal of Marketing, 62(October), 1998, pp. 1-12.
27) ① 로봇은 인간에 해를 가하거나, 혹은 행동을 하지 않음으로써 인간에게 해가 가도록 해서는 안 된다.
② 로봇은 인간이 내리는 명령들에 복종해야만 하며, 단 이러한 명령들이 첫 번째 법칙에 위배될 때에는 예외로 한다.
③ 로봇은 자신의 존재를 보호해야만 하며, 단 그러한 보호가 첫 번째와 두 번째 법칙에 위배될 때에는 예외로 한다.
28) 김학진, 김성문, 김진우, 박선주, 디지털 펀! 재미가 가치를 창조한다, 삼성경제연구소, 2007, p. 15.
29) 김학진, 김성문, 김진우, 박선주, 디지털 펀! 재미가 가치를 창조한다, 삼성경제연구소, 2007, p. 29.
30) 2010년 9월 2일 자 인터넷 한국일보.
31) 이어령, 21세기 한국과 한국인, 한백연구재단 편, 삼성출판사, 1993.

CHAPTER 4

1) Moorman, Christine and Anne S. Miner, "The Convergence of planning and Execution: Improvisation in New Product Development," Journal of Marketing, Vol. 62(July), 1998, pp. 1-20.
2) Robins, Fred, "Marketing Planning in the large Family Business," Journal of Markeing Management, 7(October), 1991, pp. 325-341. 상기

Moorman and Miner(1998)에서 재인용.
3) Eisenhardt, Kathleen M. and Behnam N. Tabrizi, "Accelerating Adaptive Processes: Product Innovation in the Global Computer Industry," Administrative Science Quarterly, 40(March), 1995, pp. 84-110.
4) 2010년 5월 1일 자 조선일보.
5) 1946년 연구개발을 상품화한다는 아이디어로 직원 20명으로 출발하여 1948년부터 스탠퍼드 대학교의 재정지원을 받고 세계적인 싱크탱크로 성장하였다. 연구개발 분야는 로켓·전기·전자 등의 하드웨어 관련에서 경제예측 행동과학·정보과학·경영정보시스템(MIS) 등의 소프트웨어에 이르기까지 광범위하다. 현재 각 분야별 73개의 전문화한 연구소가 있는데, 1919년 허버트 후버(Herbert Hoover)가 설립한 세계적인 연구소인 후버연구소도 여기에 자리하고 있다.
6) 남상성, 황병용, 최한림, 시나리오 플래닝의 한국적 적용 모델 개발: 에너지 효율화 미래예측 사례를 중심으로, 2009, 한국과학기술기획평가원(KISTEP)에서 제시된 모델과 Keough, Shawn M. & Kevin J. Shanahan, "Scenario Planning: Toward a More Complete Model for Practice," Advances in Developing Human Resources, 10(2)의 Generic Scenario Planning Model을 취합한 것임.
7) Pollard, D. and S. Hotho, "Crices, scenarios and the strategic management process," Management Decision, 44, 2006, pp. 721-736.
8) 곽종태, "영어연극놀이와 즉흥극," 솔뫼 어문논총, 12집, 2000, p. 29.
9) Kneier, Tom "Preparing for the Worst." Radio Interview with Elizabeth Brackett. NewsHour: Public Broadcasting Service. May 16, 2003.
10) Denton, D. Keith and Barry L. Wisdom, "Shared Vision," Business Horizons, July-August 1989, pp. 67-69.
11) Tricia Wachtendorf, Improvising 9/11: Organizational Improvisation Following The World Trade Center Disaster, Ph.D Dissertation, 2004, University of Delaware, p. 101.
12) 'CEO들이여, '한드'에서 배워라,' 2010년 4월 24일 자 조선일보 Weekly Biz.

13) Martinez-Sanches, A., J. M. Vela-Jimenez, M. Perez-perez, and P. de-Luis-Carnicer, Inter-organizational cooperation and environmental change: moderating effects between flexibility and innovation performance. British Journal of Management, in press.
14) 이호선, 권명은, 임파워먼트와 조직효율성 관계에 셀프리더십이 미치는 조절효과, 인력개발연구, Vol. 9, NO. 2, 2007, pp. 1-18.
15) 허진, 나는 임파워먼트형 리더인가, LG주간경제, 2006년 9월 6일, LG경제연구원.
16) 조성일, 김현주, 임파워먼트를 위한 조직구조와 제도: 포스코의 실천사례를 중심으로, POSRI CEO Report, 2007년 10월 22일, POSCO경영연구소.
17) 김범열, 임파워먼트 어떻게 실행하나, LG주간경제, 1998년 4월 8일, LG경제연구원.

CHAPTER 5

1) 2009년 4월 4일 자 조선일보 Weekly Biz.
2) '스마트폰 때문에 명암 갈린 글로벌 CEO,' 2010년 9월 20일 자, 연합뉴스.
3) 박희정, 대형사고와 기업의 위기관리: 시나리오경영이란, 삼성경제연구소, 1996.
4) 한국일보, 2010년 4월 1일 자.
5) http://kr.blog.yahoo.com/justdoithyuk/1355449
6) 예컨대, 다음 두 논문을 참조.
Cooper, R. G. "The Dimensions of Industrial New Product Success and Failure," Journal of Marketing, 43, 1979, pp. 93-103.
Brown S. L. and K. M. Eisenhardt, "The Art of Continuous Change: Linking Complexity Theory and Time-paced Evolution in Relentlessly Shifting Organizations," Administrative Science Quarterly, 42, 1997, pp. 1-34.
7) Cunha, Miguel Pina e and Joao Vieira da Cunha, "To Plan and Not To

Plan: Toward A Synthesis Between Planning and Learning," International Journal of Organization Theory and Behavior, 5(3 & 4), 2002, pp. 299-315.
8) Henry Mintzberg, The Rise and fall of Strategic Planning, New York: Free Press, 1994. 장세진, 글로벌경쟁 시대의 경영전략, 5판, 박영사, 2008에서 재인용.
9) 2009년 5월 16일 자 조선일보 Weekly Biz.
10) 양태희, 사업 계획과 실행의 동시화: 국제마케팅 즉흥에 관한 연구, 박사학위 논문, 계명대학교 대학원, 2009.
11) Cunha, Miguel Pina e and Joao Vieira da Cunha, "To Plan and Not To Plan: Toward A Synthesis Between Planning and Learning," International Journal of Organization Theory and Behavior, 5(3 & 4), 2002, pp. 299-315.
12) Wack, P. "Scenarios: Uncharted Waters Ahead," Harvard Business Review, 64, 1984, pp. 72-89.
13) 임길진, 미래를 향한 인간적 계획론: 계획이론의 종합, 나남출판, 1995, pp. 18-20.
14) 임길진, 미래를 향한 인간적 계획론: 계획이론의 종합, 나남출판, 1995, p. 20.
15) 이하의 내용은 Cunha and Cunha(2002)의 논문에서 많은 아이디어를 차용함.
16) Gersick, C. J. and J. R. Hackman, "Habitual Routines in Task Performing Groups," Organizational Behavior and Human Decision Processes, 47, 1990, pp. 65-97.
17) Brown S. L. and K. M. Eisenhardt, "The Art of Continuous Change: Linking Complexity Theory and Time-paced Evolution in Relentlessly Shifting Organizations," Administrative Science Quarterly, 42, 1997, pp. 1-34.
18) McGrath, R. G. and I. C. McMillan, "Discovery-Driven Planning," Harvard Business Review, 1995, pp. 44-54.

19) Orlikowski, W. J., "Improvising Organizational Transformation Over Time: A Situated Change Perspective," Information System Research, 7, 1996, pp. 63-92.
20) Mintzberg, Henry and Alexandra McHugh, "Strategy Formation in an Adhocracy," Administrative Science Quarterly, 30, 1985, pp. 160-197.
21) Weber, Max, From Max Weber: Essays in Sociology. H. H. Gerth and C. Wright Mills, trans. and eds. New York: Oxford University Press.
22) 강인선, 신속한 행동과 개혁정신이 미래의 주인이다, 1999년 7월호, 월간조선.
23) Peter Drucker, 단절의 시대(The Age of Discontinuity), 이재규 역, 한국경제신문사, 2003.
24) Eisenhardt, Kathleen M., "Making Fast Strategic Decisions in High-Velocity Environments," Academy of Management Journal, 32(3), 1989, pp. 543-576.
25) 많이 알려진 루이스 캐럴의 동화 '이상한 나라의 앨리스'의 속편으로 나온 동화.
26) Nohria, Nitin and James D. Berkley, "Whatever Happened to the Take-Charge Manager?," Harvard Business Review, January-February, 1994, pp. 128-137.
27) Nohria, Nitin and James D. Berkley, "Whatever Happened to the Take-Charge Manager?," Harvard Business Review, January-February, 1994, pp. 128-137.
28) 시바타 마사하루, 가네다 히데하루, 도요타 최강경영, 고정아 역, 일송미디어, 2003.

스캣

지은이 | 권업
펴낸이 | 김경태
펴낸곳 | 한국경제신문 한경BP
등록 | 제 2-315(1967. 5. 15)

제1판 1쇄 발행 | 2012년 6월 29일
제1판 2쇄 발행 | 2012년 9월 10일

주소 | 서울특별시 중구 중림동 441
홈페이지 | http://www.hankyungbp.com
전자우편 | bp@hankyungbp.com
T | @hankbp   F | www.facebook.com/hankyungbp
기획출판팀 | 02-3604-553~6
영업마케팅팀 | 02-3604-595, 583   FAX | 02-3604-599

ISBN 978-89-475-2864-1   03320
값 14,000원

파본이나 잘못된 책은 바꿔 드립니다.